O PRIMEIRO
CARRO
IMPORTA

REGINALDO REGINO

O PRIMEIRO CARRO IMPORTA

Como revolucionei o mercado de importação de automóveis no Brasil

Matrix

© 2025 - Reginaldo Regino
Direitos em língua portuguesa para o Brasil:
Matrix Editora
www.matrixeditora.com.br
⦿/MatrixEditora | ⓧ/@matrixeditora | ⦿/matrixeditora | ⦿/matrixeditora

Diretor editorial
Paulo Tadeu

Capa, projeto gráfico e diagramação
Marcelo Córreia

Revisão
Adriana Wrege
Silvia Parollo

CIP-BRASIL - CATALOGAÇÃO NA PUBLICAÇÃO
SINDICATO NACIONAL DOS EDITORES DE LIVROS, RJ

Regino, Reginaldo
O primeiro carro importa / Reginaldo Regino. - 1. ed. - São Paulo: Matrix, 2025.
128 p.; 23 cm.

ISBN 978-65-5616-532-5

1. Indústria automobilística - Brasil. 2. Automóveis - Aspectos econômicos - Brasil. I. Título.

25-96570   CDD: 338.476292
                        CDU: 338.45:629.3(81)

Gabriela Faray Ferreira Lopes - Bibliotecária - CRB-7/6643

SUMÁRIO

PALAVRAS DO AUTOR 9
INTRODUÇÃO 11
1   O SONHO QUE LEVA A GENTE PRA FRENTE 13
2   SIAMO TUTTI ITALIANI 17
3   BMW: NOSSO OBJETO DE DESEJO 37
4   BMW: UMA HISTÓRIA LÁ E CÁ 49
EPÍLOGO 103
ÁLBUM DE FOTOS 105

Dedico este livro à minha amada esposa,
Viviane, que me acompanha há muitos anos,
sempre me incentivando e apoiando.

PALAVRAS DO AUTOR

A minha motivação ao escrever este livro foi o desejo de dar, especialmente para meus filhos Carla, Marcelo e Paula e seus descendentes, uma pequena visão do Brasil e do setor automobilístico em particular, no transcorrer da minha vida. Foram mais de dois anos de dedicação para concluí-lo. Tento contextualizar os acontecimentos do mundo na época retratada, o que gerou muito trabalho e muita pesquisa.

Deixo aqui meus agradecimentos à jornalista Maiá Mendonça, que foi fundamental na estruturação e na qualidade da escrita, pois, tendo durante os primeiros anos da minha vida o português como minha segunda língua, e tendo estudado Engenharia, as intervenções no texto foram fundamentais. Agradeço também ao historiador Renato Maldonado, pela pesquisa histórica, e ao jornalista Eduardo Pincigher, profundo conhecedor do universo automobilístico.

Procuro, também, passar alguns dos ensinamentos que aprendi nas minhas incursões pelo mundo e na minha vida empresarial, porém o mais importante deles me foi passado pelo meu pai, que é ter a coragem de errar por fazer, ou, como ele dizia, "só erra quem faz". E eu acrescento que o maior erro de uma pessoa é a omissão. Este livro fala muito sobre os acertos e o que é necessário fazer para que as coisas aconteçam.

Quero, também, prestar uma homenagem a todos aqueles que estiveram comigo nessa jornada, que me ensinaram o que é a vida e o que ela pode nos oferecer quando buscamos o nosso sentido de ser.

Cada palavra, cada página deste livro, resgata da minha memória a maneira que eu tenho de participar da vida dos amigos, familiares, funcionários, prestadores de serviços, colaboradores, empresas que representei, incentivadores e outras tantas pessoas que cruzaram o meu caminho.

Agradeço a todos.

INTRODUÇÃO

O ano era 1995. Recém-eleito presidente do Brasil, o pai do Plano Real, Fernando Henrique Cardoso, prometia salvar a pátria. A política econômica de seu governo acenava com esperança de dias melhores para todos. Foi então que o cenário mudou.

No dia 30 de março de 1995, o então ministro do Planejamento e Orçamento, José Serra, desferiu o golpe de misericórdia nos importadores de carros: por meio de um decreto, ele aumentava o Imposto de Importação de Veículos (entre outros artigos) de 32% para 70% do valor FOB (*free on board*), sendo que, no mês anterior, a mesma alíquota já havia subido de 20% para 32%. A justificativa era ridícula, como depois foi confirmado pela Organização Mundial do Comércio (OMC): a balança comercial brasileira não aguentava o desequilíbrio por causa da importação de veículos.

Como notícia ruim sempre vem acompanhada de outras piores, o governo incluiu no decreto que os veículos que se encontravam em armazéns alfandegados no Brasil, esperando para ser nacionalizados, e mesmo os que tiveram suas guias de importação (GIs) emitidas pela Cacex[1] quando a taxa do imposto ainda era de 20%, teriam de pagar os mesmos 70%, assim como os veículos já embarcados em navios a caminho do Brasil. Mas não era só isso.

---

[1] Carteira de Comércio Exterior do Banco do Brasil (Cacex) foi uma agência do governo federal responsável por executar a política de comércio exterior. Uma de suas funções era o licenciamento de exportações e importações.

Apesar de difícil, todo esse impasse poderia ser resolvido, não fossem outras três resoluções. Conforme a primeira delas, o decreto seria válido por um ano, ou seja, depois de 12 meses a alíquota voltaria a ser de 32%. Parece bom? Não era. Quem compraria um carro sabendo que no ano seguinte a alíquota cairia e os automóveis ficariam mais baratos?

De acordo com a segunda resolução, os veículos que já estavam em armazéns alfandegados teriam noventa dias para ser nacionalizados, senão seriam leiloados para pagar impostos, custos, fretes e multas. A pior delas, porém, era a terceira resolução, que proibia reexportar esses veículos armazenados para outros países ou que fossem devolvidos para seus países de origem.

O decreto tinha o nítido propósito de beneficiar, como sempre, as quatro montadoras que, na época, já estavam instaladas no país. Em noventa dias, ou eu nacionalizava os veículos ou os perdia. Seria impossível vender esses carros por valores tão altos. Em três meses precisaríamos de milhões de dólares para nacionalizar os carros, com pouquíssimas chances de vendê-los, já que os possíveis compradores sabiam que, no ano seguinte, os preços dos carros importados estariam mais baixos. Refazer o capital de giro, então, nem pensar. No caso da Regino Import, entre pedidos na fábrica, veículos em trânsito, no porto ou nos armazéns alfandegados, tínhamos cerca de 3.500 veículos. Em um cálculo simples, somando o valor FOB, o Imposto de Importação, o IPI e o ICMS, o preço total ficaria em, aproximadamente, 350 milhões de dólares.

Nosso negócio e tudo que tínhamos construído em quatro gerações estavam correndo risco. A vida de empreendedor no Brasil nunca foi fácil, mas no setor automobilístico e de importação era ainda mais complicado. E iria piorar.

O SONHO QUE LEVA A GENTE PRA FRENTE

O Brasil é o país do futebol, como se diz. Mas existe outra paixão nacional por estas terras: o automóvel. Ele provoca diversos sentimentos e alimenta o imaginário dos brasileiros. Representa muito mais do que um meio de transporte, significa status, sonhos, liberdade, conquistas, estilo... É um bem com o qual se tem tanta intimidade que em nosso país as pessoas chegam a dar nomes afetuosos aos seus veículos, a posar em fotografias ao seu lado, a lavá-los semanalmente em rituais cerimoniosos, e costumam até se lembrar das letras e números de placas de carros de décadas atrás. Brasileiro é mesmo apaixonado por carro. Mas desde quando?

Essa relação teve início em 1891, ocasião em que pela primeira vez um automóvel circulou pelas ruas do Brasil, no estado de São Paulo. O modelo era um Peugeot Type 3, que não tinha volante, mas sim alavancas para dar-lhe direção. Dois de seus assentos ficavam posicionados um de frente para o outro, comportando quatro pessoas. A potência do seu motor Daimler era de vigorosos dois cavalos.

O veículo foi importado da França por um jovem de 18 anos que se tornaria um personagem ilustre da história mundial, mas associado a outro meio de transporte. Alberto Santos Dumont, quinze anos antes de realizar seu pioneiro voo com o 14-Bis em Paris, já se encantava com a pioneira tecnologia dos motores a combustão. Durante uma viagem à Cidade Luz, conheceu melhor a invenção e se tornou um entusiasta do automóvel. Ao retornar ao Brasil, decidiu importar um exemplar para passear e, claro, estudar a mecânica do motor. Anos mais tarde, em sua autobiografia, intitulada *O que eu vi, o que nós veremos*, afirmou que "estudar os diversos órgãos (como eram chamadas as peças) e a ação de cada um" contribuiu para que desenvolvesse o conhecimento técnico que culminou no advento do avião.

Os carros foram aos poucos se tornando parte da paisagem urbana, sobretudo em São Paulo e no Rio de Janeiro, causando admiração geral. Há relatos de pessoas que se aglomeravam nas manhãs em frente às residências dos Matarazzos, dos Penteados e dos Prados, tradicionais famílias paulistanas, para ver espantadas a "charrete sem cavalo" se deslocar de uma maneira que parecia mágica. Já existiam na época os entusiastas dos hipercarros – ou *spotters*, como são chamados hoje, pessoas que ficam nas ruas com câmeras para tirar fotos dos automóveis Ferrari, Bugatti, McLaren, Porsche, Rolls-Royce, Bentley, para publicar na internet.

A partir de 1896, os veículos começaram a ser anunciados nos jornais – o primeiro, publicado na *Gazeta de Petrópolis*, destacava que seria possível deslocar-se a "até 40 quilômetros por hora, conforme a força do motor, podendo a velocidade ser modificada a todo o momento pelo condutor. Sobem rampas a 12% ou mais, conforme o estado do caminho. Podem ser conduzidos por uma senhora ou por uma criança, tal a sua simplicidade e segurança. Substituem com imensa vantagem os carros puxados por animais, quer nas cidades, quer no campo".

A mística dos automóveis fez com que, em 1907, fosse criada uma revista carioca de nome *Fon-Fon!*, uma alusão ao barulho da buzina. Em suas páginas havia sempre uma referência aos atributos da novidade – modernidade e progresso, um símbolo do ritmo frenético das cidades que cresciam e se desenvolviam. Nesse mesmo ano foi criado o Automóvel Club do Brasil, que reunia os apaixonados por carros, e, em 1911, surgiu a primeira revista especializada, a *Revista de Automóveis*, também no Rio de Janeiro. Em São Paulo, com o aumento do número de veículos, foi preciso registrar e emplacar os automóveis. A primeira placa, gravada apenas com "P-1" ("P" de particular), coube ao automóvel do conde Francisco Matarazzo, em 1903.

Os automóveis chegaram antes das estradas, nada preparadas para esse tipo de veículo. Na primeira viagem de carro entre o Rio de Janeiro e São Paulo, em 1908, foram percorridos cerca de 700 quilômetros em estradas precárias, feitas para carros de boi e charretes, ao longo de 33 dias. O veículo era um Brasier de 16 cavalos de força. A viagem de São Paulo a Santos, feita no mesmo ano em um veículo Motobloc com ostensivos 30 cavalos de força, durou 36 horas, em um trecho que hoje percorremos em menos de uma hora. Somente em 1861 foi construída a primeira estrada pavimentada do Brasil, especialmente projetada com piso feito de grandes blocos, com as mesmas dimensões e pedras menores colocadas por cima, para trânsito de carros e caminhões, ligando Petrópolis (RJ) a Juiz de Fora (MG).

A primeira via a ser asfaltada, a Avenida Paulista, tornou-se a principal rua para passeios, em meados de 1910 (o asfalto foi inventado em 1909), atraindo multidões de admiradores das novas máquinas. Outra atração que a pavimentação tornou possível foi o Corso de Carnaval – um desfile de automóveis, folia e fantasias. E assim a frota brasileira ia aumentando. Em 1917, falando especificamente do estado de São Paulo, já havia 2.600 automóveis registrados.

Com a instalação das primeiras montadoras estrangeiras no Brasil, o carro se popularizou e virou de vez uma paixão nacional. A indústria automotiva brasileira teve início com a chegada da americana Ford, em 1919, que montava em sua fábrica em São Paulo, na Rua Florêncio de Abreu, o Ford T Bigode, estrela de muitos filmes mudos. Seis anos depois foi a vez da também norte-americana General Motors inaugurar sua filial por aqui, montando o modelo das marcas Buick, Oldsmobile, Chevrolet, Oakland, Cadillac e Pontiac. Já em 1926 foi a vez da International Harvester estacionar a primeira montadora de caminhões do Brasil. Os veículos eram importados em sistema CKD (Completely Knock-Down – "completamente desmontado", em português) e montados aqui. Isso barateava os custos, tornando o bem mais acessível.

Foi somente em meados dos anos 1950, com a criação do Grupo Executivo da Indústria Automobilística (GEIA), que o Brasil instalou de fato uma indústria automotiva própria, com o desenvolvimento do setor de autopeças, dentro do plano de metas de aumento do índice de "nacionalização" dos veículos. Terminava aí a época romântica e embrionária dos automóveis no Brasil, para dar início a um novo momento no relacionamento entre o brasileiro e o carro. É aí que a minha história familiar começa a ir em direção ao automóvel.

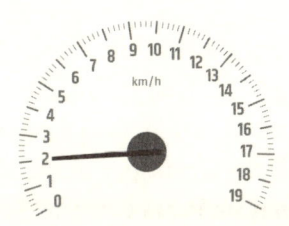

SIAMO TUTTI ITALIANI

Os Benacchios emigraram de Treviso no final do século XIX, com meu bisavô Luigi e sua família de dois filhos. Meu avô Humberto nasceu em Jundiaí, no começo do século XX. Depois que meu avô nasceu, a família voltou para a Itália, onde ficou por alguns anos, até retornar para o Brasil. Em Jundiaí, voltaram a cuidar da loja de secos e molhados que tinham deixado alugada enquanto estavam na Itália. Minha bisavó faleceu, deixando sete filhos para meu bisavô Luigi cuidar. Ele logo se casou de novo e teve mais sete filhos. Meu avô Humberto, por desavenças com a madrasta, foi expulso de casa, vindo morar em São Paulo, e foi estudar no Liceu de Artes e Ofícios enquanto trabalhava em uma fábrica de pentes.

Meu avô Humberto Benacchio casou-se com sua prima Ilde Rossi, com quem teve duas filhas: minha mãe, Ignez, e minha tia Irene. Ele foi o fundador da Estacas Benacchio, a melhor fábrica de estacas pré-moldadas e fundações do país, presente em obras como as do Museu de Arte de São Paulo (Masp) e do estádio do Pacaembu. Ele era tão bem conceituado que havia fila de espera para contratar seus serviços; era tudo uma questão de confiança. Ele era um visionário, um empreendedor, com algumas peculiaridades: não andava de avião, não vendia nem trocava seus carros usados e tinha como costume levar sempre dinheiro no bolso, que ele distribuía generosamente para os funcionários, parentes, amigos e pessoas próximas. Quando questionado por que fazia isso, ele respondia que dinheiro tinha de circular, e que de onde vinham aquelas cédulas mais viriam.

Clube dos Meninos Puros da Praia Grande

Meu avô Humberto era muito inteligente, trabalhador e generoso, mesmo tendo suas manias. E seu orgulho, a coisa de que mais gostava, era um "clube" que ele fundou, financiava e coordenava chamado Clube dos Meninos Puros da Praia Grande, que ficava em uma casa que ele possuía de frente para o mar na Praia Grande, no litoral sul de São Paulo, e onde todos os sobrinhos, netos e as crianças da família iam passar as férias de verão e os feriados. Durante o ano, em todos os sábados, ele ia com seus parentes, funcionários, amigos e amigos dos amigos para a casa na Praia Grande. Era a convivência mais democrática que conheci, pois era aberto a todos, desde o funcionário mais simples da Estacas Benacchio até médicos, engenheiros, advogados e empresários renomados e das classes mais altas da sociedade paulistana. O lema do meu avô Humberto era: lá no "clube" todos são iguais, independentemente da etnia, status, formação, religião e posição social. E era proibido falar de negócios – lá todos eram "meninos puros". Ele tinha um ônibus e duas peruas que levavam todo o pessoal para a praia. O ônibus saía do Sacomã às 14h e ia para a Praia Grande; entre 15h e 16h começava o jogo de futebol na areia – naquela época ainda não havia a avenida, e os carros transitavam pela praia. Depois do jogo era a hora do banho de mar, mais tarde iam jogar bocha na praia ou nas duas canchas que havia na casa; às 19h30 era servido um jantar para 30 ou 40 homens que naquele sábado frequentavam o local. Depois do jantar, mais bocha e carteado (buraco). O ônibus saía de volta para São Paulo às 22h30. O programa aconteceu todos os sábados, fora das férias escolares, por mais de 25 anos, até meu avô vender a Estacas Benacchio, em 1974.

Quando meu avô vendeu a empresa, eu estava no segundo ano da faculdade de Engenharia. A tecnologia da Benacchio estava ultrapassada em razão da dificuldade de se transportar estacas de até 14 metros. Meu avô já estava com seus 70 anos e, com inteligência e visão de futuro, tinha percebido que não fazia sentido continuar com o negócio. Fiquei decepcionado. Cresci ouvindo a família dizer que eu era o futuro da Estacas, estava escrito no meu destino e na minha pele. Eu nasci com uma mancha na testa e outra na perna, na forma de um E, a marca das Estacas. A decepção foi tão grande que cheguei a pensar em abandonar a Engenharia, mas Viviane, minha esposa, me deu tanto apoio que fui até o fim do curso. Quando me formei, já tinha dois filhos, Carla e Marcelo, e já trabalhava com meu pai na distribuidora da Brahma.

Os Reginos

A família dos meus avós Regino também veio da Itália no final do século XIX. Meu avô Francisco era da cidade de Orsomarso, na Calábria. Eles foram para Lins, no interior de São Paulo, onde tinham uma selaria. A família Ruocco, de minha avó Assumpta, veio de Nápoles e se estabeleceu em São Paulo, abrindo um mercadinho. Assumpta se casou com Francisco Regino e teve um filho, meu pai, Reginaldo. Francisco se estabeleceu com vários e conhecidos pastifícios (onde eram feitas massas artesanalmente), como o São Francisco, o Beverly, a Nacional e o Rex, que se destacavam por produzir um espaguete superlongo e muito apreciado.

Meus avós costumavam frequentar o Parque Balneário Hotel de Santos, símbolo de elegância e *glamour*, onde se hospedavam governadores, artistas, escritores e famílias tradicionais. Foi nesse hotel de construção imponente e estilo europeu, com um de seus blocos voltado para a Avenida Ana Costa, a dois passos da praia, que meus dois avós se tornaram amigos, e foi lá que meu pai e minha mãe se conheceram e começaram a namorar. Em 1949, meus avós Benacchio e suas duas filhas viajaram para a Itália, onde ficaram um bom par de meses. Depois de muitas trocas de cartas de amor entre os apaixonados, a família voltou, o casal se reencontrou, e meus pais se casaram, com 20 anos de idade, que era muito cedo até para a época.

Eu nasci em 1951, na Maternidade de São Paulo, na cidade de São Paulo, membro da quarta geração de imigrantes italianos. Entre 1951 e

1955, meus pais tiveram mais dois filhos: Marco Antônio (Tony) e o caçula Paulo. Com o crescimento e a importância da Estacas Benacchio em São Paulo, "conhecida como a cidade que mais cresce no mundo", meu avô Humberto Benacchio convidou meu pai para trabalhar na empresa da família. A proposta era tentadora, mas só poderia ser aceita depois que meu pai cursasse Engenharia Civil – não seria viável aceitar um cargo de tamanha responsabilidade sem entender de construção. Meu pai concordou, desde que fosse estudar nos Estados Unidos.

E assim, em 1956, meus pais, Ignez e Reginaldo, eu com cinco anos de idade, Tony com três anos, e Paulo com um ano, nos mudamos para Miami, na Flórida, Estados Unidos. Era uma grande aventura, já que meus pais não conheciam ninguém na cidade, não falavam uma única palavra em inglês e só tinham saído do Brasil para passar a lua de mel em Buenos Aires. Como eram muito jovens, desembarcaram em Miami sem ter programado nada nem escolhido um lugar para ficar.

Enquanto eles procuravam uma casa para alugar, ficamos hospedados por uns três meses no elegante hotel Fontainebleau Miami Beach, na Collins Ave., de frente para o mar.

A casa em que fomos morar ficava em Coral Gables, em frente a uma praça, onde costumávamos brincar. A casa era térrea, bastante confortável, cercada por um grande jardim, e bem perto da Universidade de Miami, onde meu pai tinha aulas de inglês e depois cursou Engenharia. Tony e eu estudávamos na Riviera Day School, uma escola particular para crianças. Paulo era muito pequeno para ir à escola.

Passamos cinco anos maravilhosos em Miami. Vínhamos ao Brasil nas férias e em Miami recebíamos a visita de três dos nossos avós no meio do ano. Por que três avós? Vovô Benacchio se recusava a viajar de avião, então nunca nos visitou. Estávamos perfeitamente adaptados ao *American way of life*. Minha mãe adorava viver em Miami; nós, crianças, falávamos inglês fluentemente e tínhamos um monte de amigos; no último ano da faculdade, meu pai já tinha comprado uma casa em um trecho latino de Coral Gables e trabalhava em seu próprio negócio, uma fábrica de pré-moldados vazados. Meus pais não tinham a menor intenção de voltar para o Brasil.

Nossa casa era considerada o "consulado" do Brasil em Miami, pois acolhia brasileiros que estudavam na mesma universidade do meu pai, e eles matavam a saudade do Brasil com a comidinha caseira que minha mãe fazia. Até minha tia Irene, irmã de minha mãe, doze anos mais nova que ela, foi estudar em Miami e morar com a gente. Tia Irene se apaixonou por um amigo francês de meu pai, começaram a namorar, ficaram noivos e decidiram se casar no Brasil. Fomos todos para o casamento.

Com a família reunida em São Paulo, ficou claro que meus pais queriam seguir vivendo em Miami, o que não agradava em nada a meus avós, que queriam a família toda por perto. Eles tentaram de tudo para demover meus pais da ideia de não voltar para o Brasil, sem sucesso. Embora meu pai não fosse tão avesso à sugestão, minha mãe era totalmente contra. Mas o destino tinha reservado outros planos para o casal e seus três filhos.

Após o casamento, tia Irene e seu marido, Patrick, viajaram em lua de mel para a França, onde sofreram um grave acidente de carro e tia Irene perdeu a vida. Meu pai era filho único e minha mãe tinha perdido sua única irmã; tanto os Benacchios quanto os Reginos tinham se resumido a dois filhos únicos e três netos. A perda de tia Irene foi muito sentida pelos nossos pais e avós, e, na visão deles, não fazia sentido que seus únicos filhos vivessem em outro país.

Meus avós enfrentaram grandes desafios para convencer meus pais a permanecerem no Brasil e assumirem novas responsabilidades por aqui. Mas eles conseguiram vencer a resistência do jovem casal. Chegada a hora de meus pais voltarem para Miami, a fim de vender a casa, fechar o negócio que meu pai tinha aberto e providenciar a mudança, eles decidiram que eu iria junto, para terminar o ano letivo. Acredito que meus irmãos ficaram em São Paulo como uma espécie de "reféns".

Terminada a mudança, voltamos para o Brasil em 1961 e fomos morar na casa dos meus avós Benacchio, na Alameda Lorena. Como havia sido combinado, meu pai foi trabalhar com meu avô na Estacas Benacchio e nós, crianças, fomos estudar no Liceu Eduardo Prado. Eu tinha 11 anos de idade, mal falava português e era um estranho naquele ninho: usava bermuda, jeans, camiseta, tênis All Star coloridos e mascava chiclete, enquanto meus colegas do Liceu vestiam-se com calças curtas cinzentas, camisa branca com bolso bordado e uma gravatinha vermelha.

Eu achava aquilo bizarro, e imagino que meus colegas também deviam me achar bem esquisito. Eu era o típico *American boy*, saído das comédias *teen* do cinema americano, vestindo roupas estranhas que só seriam usadas no Brasil muitos anos depois. Ainda que eu entendesse tudo que se falava por aqui, no começo não conseguia emitir uma só palavra em português. É óbvio que não nos adaptamos.

Meus pais, então, nos transferiram para a Graded School, escola americana de São Paulo, onde me senti em casa. Saí da Graded no final do 11º ano, equivalente, na época, ao segundo ano colegial do sistema de ensino brasileiro, faltando um ano para terminar o que seria, hoje, o ensino médio, equivalente ao Clássico e Científico de então. Nas escolas americanas é muito comum perguntarem "qual é a sua *class* – eu sou *class of 70*", ou seja, sou da turma que se formou em 1970.

Passei oito anos incríveis na Graded, uma instituição que já naquela época tinha bastante diversidade, era frequentada por pessoas do mundo inteiro e estava bem à frente do seu tempo. A Graded era, e é até hoje, uma escola (na época uma bolha) em que havia liberdade, democracia e diversidade, bem diferente do ambiente brasileiro da época. Desde 1964, o Brasil vivia sob regime militar, e era um país fechado comercial e culturalmente.

Em 1984, aconteceu o comício histórico pelas Diretas Já, movimento que levaria à promulgação da Constituição, em uma sessão histórica do Congresso Nacional, que aconteceu em 5 de outubro de 1988. A partir desse momento começaram a surgir os primeiros sinais da volta da democracia.

Enquanto vigorou, a ditadura determinou o fechamento do país às importações de uma série de produtos, com o objetivo de proteger a indústria nacional da concorrência externa e, assim, fomentar o desenvolvimento das fábricas brasileiras. Foi o que ocorreu, por exemplo, na indústria automotiva, na qual as chamadas "quatro grandes" (Volkswagen, Ford, General Motors e Fiat) desfrutaram da reserva de mercado durante décadas. O então presidente, Fernando Collor de Mello, o primeiro a ser eleito por voto direto, e que assumiu o poder no início dos anos 1990, tornou célebre a alcunha "carroças" ao se referir aos nossos automóveis, em alusão ao atraso da indústria automotiva brasileira em relação aos automóveis que circulavam em outras partes do mundo.

Na época, as montadoras do país enfrentavam fortes restrições ao uso de máquinas computadorizadas, além de não poderem importar peças informatizadas para seus veículos. A injeção eletrônica, por exemplo, presente nos automóveis dos Estados Unidos desde o final da década de 1960, só chegou ao Brasil em 1988, quando a Volkswagen obteve do governo uma licença inicial para importar 2 mil kits que equipariam a versão superexclusiva do Gol GTI, uma revolução para o mercado brasileiro no fim dos anos 1990 (falarei disso mais adiante). Foi no governo Collor que se deu a abertura do país às importações e uma orientação mais liberal da política econômica para o setor de tecnologia, com a retirada da Lei de Informática.

Voltando um pouco à Graded, ela era mais do que uma escola bilíngue, era um pedaço dos Estados Unidos no Brasil, um centro de ensino americano de uma comunidade americana, frequentada por pessoas que viviam como americanos, compravam de produtos de limpeza a roupas americanas na loja da Embaixada e comiam comidas americanas. Nós, brasileiros, apesar de sermos poucos, éramos apenas mais uma entre as muitas nacionalidades que frequentavam seus bancos escolares fazendo parte dessa comunidade.

Entre 1965 e 1968, além de frequentar essa escola e toda a minha vida girar em torno desse *American way of life*, eu tinha minha porção brasileira – éramos sócios da Sociedade Hípica Paulista (mesmo sem montar nem ter um cavalo), que frequentávamos com meus pais, alguns amigos deles e meus melhores amigos e vizinhos. No começo de 1969, eu tinha 17 anos e carta de motorista (uma lei autorizava os jovens a tirar carteira de habilitação aos 17 anos. Essa lei valeu por um ano e acabou sendo extinta), o que não era comum e me tornava "especial", já que eu era um dos poucos que tinham carro e habilitação. Eu não dependia de carona de ninguém para ir e vir de festas, da escola e do clube. Foi nesse ano que uma prima decidiu me apresentar à prima do namorado dela: a Viviane. Para mim foi amor à primeira vista. Ela tinha 13 anos e era linda, eu me apaixonei no mesmo instante, mesmo sendo quatro anos mais velho, o que nessa idade parece uma enorme diferença.

Passamos um ano paquerando, até que no meu aniversário de 18 anos, em outubro, resolvi dar uma festa em casa e a convidei. Quando ela chegou, meu coração quase parou. Fui recebê-la, ela elogiou a casa, e, num impulso adolescente, sem pensar direito, falei que quando nos casássemos a casa seria dela. Lembro-me até hoje da cara de espanto da Viviane, como se eu fosse maluco.

Na festa havia pessoas de todas as turmas de São Paulo: os amigos da Graded, da Hípica Paulista, do edifício Bretagne (assinado pelo brilhante arquiteto Artacho Jurado), conhecido por nós como ONU, já que tinha moradores de todas as nacionalidades, do Bob's da Rua Augusta, onde a banda de rock Made in Brazil tocava, as meninas do Colégio Sion, do Santa Maria e do Assunção – colégio com o qual o Santo Américo fazia parceria para disputar os jogos abertos de São Paulo, pois era um colégio só de meninos, e o Assunção, só de meninas. Pense em uma típica festa de filme adolescente americano: foi o que aconteceu naquela noite.

Naquele outubro de 1969, eu já tinha saído da Graded e ido para o Santo Américo, colégio tradicional de padres húngaros, na época frequentado só por meninos. Como o ano letivo americano acaba no meio do ano, entrei como ouvinte no segundo semestre do primeiro ano do colegial, porque tanto os padres como meus pais concordaram que, em razão da diferença de ensino, eu estava muito atrasado para entrar no segundo colegial e depois seguir para o terceiro. Meus colegas me chamavam de "turista" por ser ouvinte. Não consegui acompanhar as aulas e repeti de ano.

Mesmo frequentando uma turma de brasileiros, eu ainda era um *American boy*, me vestia como americano, agia e pensava como americano, e ao mesmo tempo frequentava turmas de brasileiros que gostavam de Roberto Carlos, de bossa nova e dançavam samba, enquanto eu gostava de Beatles, Turtles, Beach Boys, Jimi Hendrix, Troggs, Kinks, entre outras bandas de rock. Tinha amigos que foram lutar no Vietnã, fumavam baseado e tomavam LSD, o que não era comum nem bem visto por aqui.

Na primeira vez que fui a uma festa com a Viviane, antes de estar namorando, fui de calça jeans listrada de azul e branco, camisa azul, uma parca de náilon laranja e, nos pés, tênis Keds azul. Quando chegamos lá, todos os rapazes estavam com sapatos da Spinelli (marca conhecida por seu estilo italiano), calça justa de tecido com cintura alta e boca de sino, camisa social e *blazer*. Eu parecia um extraterrestre, não podia chegar perto da luz negra (moda na época) porque poderiam me confundir com um lustre aceso.

Nesse dia, tive a certeza de que nunca mais a Viviane iria querer sair comigo. Encontrá-la não seria uma dificuldade para mim, porque minha prima namorava um primo dela, e estávamos sempre nos esbarrando. E não é que algumas semanas mais tarde ela me convidou para ir a uma festa, em um prédio em Higienópolis? Gato escaldado, fui vestido à moda brasileira, inclusive de *blazer*, que muito gentilmente ofereci para ela, que sentia frio. Um gesto gentil que aprendi com os americanos. Nessa festa, em 14 de dezembro de 1969, pedi a Viviane em namoro, e para minha alegria ela aceitou. Depois de oito anos de namoro, em janeiro de 1977, ainda estudante de Engenharia no Mackenzie, me casei com a paixão da minha vida, com quem tive filhos e netos e estou casado até hoje.

Em 1971, saí do Colégio Santo Américo e fui para o Colégio Objetivo, que tinha acabado de ser inaugurado na Avenida Paulista, para cursar o segundo colegial (atual ensino médio) novamente – eu era quase PhD no segundo colegial, que cursei três vezes. O colégio e o cursinho Objetivo ficavam no Edifício Gazeta – o cursinho é famoso até hoje por seu alto índice de aprovação nos vestibulares mais concorridos.

Os professores do colégio eram os mesmos do cursinho e eram excepcionais. As aulas eram divertidas e muito didáticas, eu nunca tinha encontrado um ambiente tão maravilhoso para estudar. Foi no Objetivo que comecei a gostar de estudar, principalmente de Física e Matemática, graças aos professores, e também pela turma de amigos que fiz lá, especialmente o pessoal que vinha do Colégio de Aplicação, um colégio experimental da Universidade de São Paulo (USP) bastante concorrido – era preciso fazer uma prova, uma espécie de vestibular, para entrar – havia muito mais concorrentes que vagas, e acabavam entrando apenas os melhores alunos. Tinha um modelo bastante liberal e avançado para os tempos de repressão. Por isso, o governo mudou o método de ensino, que passou a ser tradicional. Essa mudança provocou a saída de muitos alunos para o Colégio Objetivo, que oferecia uma nova proposta.

*   *   *

Nunca tive medo de experimentar coisas novas. Fui jogador de vôlei no colégio, surfista, tive um conjunto de rock, "The Love Hunters". Eu era guitarrista e nós fizemos certo sucesso tocando em festas e "mingaus"[2] de clubes, como Hípica Paulista, Paulistano, Circolo Italiano e Círculo Militar, participamos de festivais de música – até ganhamos o concurso do Colégio São Luís. Nossa agenda era repleta de shows nos fins de semana.

---

[2] Nome dado às festas dançantes nos anos 1960 e início dos anos 1970 que aconteciam em clubes de São Paulo aos domingos, das 19h às 22h, depois chamadas de "domingueiras".

Esse sucesso nos levou a tocar em programas de televisão, como o famoso *Programa Júlio Rosemberg*, nas manhãs de domingo, na TV Tupi.

Nessa época, também tive meu primeiro encontro com o automobilismo. A Estacas Benacchio ficava na Avenida Henry Ford, na Mooca, bem perto da fábrica de fogões Continental, da Fundição Brasil Motores (FBM), que era dos Giaffones (até hoje são grandes personalidades do automobilismo). Em 1968, os irmãos Affonso e Zeca tinham assumido a Silpo, de Silvano Pozzi, onde ficava uma fábrica de karts, e começaram desenvolvendo, sob supervisão de Pozzi, seus primeiros veículos dessa categoria. Não sei como meu avô Benacchio descobriu, sem que eu mencionasse que gostava de kart, mas, num sábado, eu devia ter 16 ou 17 anos, fui para a fábrica com ele, como era de costume. Quando chegamos, havia uma surpresa me aguardando: um kart vermelho novinho. Fiquei extasiado com meu novo brinquedo – que de brinquedo não tinha nada –, um kart de competição. Desse dia até eu começar a correr de kart foi um pulo. Antes disso, ia treinando pelas ruas sem trânsito do Morumbi.

Com personalidade aventureira e destemida, montei, aos 21 anos, meu primeiro negócio, a Policon, empresa de polimento de concreto. Tínhamos um caseiro chamado Pereira, cujo irmão, Alcides, trabalhava na informalidade com polimento de concreto. O Alcides era analfabeto e veio me pedir um favor – ele precisava fazer um orçamento referente a um polimento de concreto, a pedido de um engenheiro. Por ser analfabeto, ele não tinha ideia de como proceder. Pedi a ele que arrumasse uma proposta de algum concorrente para eu dar uma olhada. Montei a proposta, Alcides a entregou para o engenheiro e conseguiu pegar o serviço. Depois desse vieram outros trabalhos, até que ele me pediu que fosse conversar com um engenheiro que estava indeciso quanto a lhe passar uma obra grande. Fui conversar com o engenheiro, percebi que o negócio tinha futuro e me ofereci para ser seu sócio na empreitada. Ele aceitou, abrimos a Policon e começamos a trabalhar. O Alcides na rua, supervisionando as equipes que faziam o serviço, a filha do nosso motorista como secretária, e eu na sede da empresa, que ficava na nossa casa, na Alameda Lorena.

Nascemos com genes e características que levamos pela vida e que definem nossa maneira de ser e de agir. Mas também somos influenciados pelos acontecimentos de nossas vidas. No meu caso, foram as várias situações e mudanças, experiências fora do cotidiano de uma criança/adolescente, que moldaram minha personalidade. Apesar da educação conservadora, eu fui o típico adolescente dos anos 1960. Estudar em uma escola americana, depois em um colégio tradicional brasileiro e mais tarde em outro, superavançado, ajudou a formar minha personalidade. E, por mais que minha vida pessoal e profissional fosse conservadora, eu tinha espírito empreendedor e aventureiro, costumes liberais nos negócios, na aceitação das pessoas e de seu modo de viver, especialmente na minha própria visão da vida. Foi a minha família que me incentivou a não ter medo das novas situações que a vida apresenta. E sempre mantive acesa dentro de mim a chama da rebeldia, da irreverência e da inovação.

Aqui é preciso abrir um parêntese. Apesar de meus avós terem bastante dinheiro e um bom patrimônio, meus pais não tinham. Tanto que meu pai brincava, falando sério: "Eu nasci de pai rico, tenho sogro rico". E completava: "Você nasceu de pai pobre: se vira", porque meus avós não soltavam o dinheiro. Tínhamos um padrão de vida alto, confortável, frequentávamos os melhores lugares, assim como a elite paulistana, mas não tínhamos dinheiro para gastar viajando, com clubes, férias nos lugares da moda na época, ter cavalos – já que frequentávamos a Hípica – ou carros novos. Rachávamos o aluguel de apartamentos pequenos com os amigos se quiséssemos passar férias no Guarujá ou em Campos do Jordão. E, mesmo morando em uma casa grande no Morumbi, meu pai penava para pagar as mensalidades da Graded. Quando voltamos dos Estados Unidos, minha mãe ganhou do seu pai uma Mercedes-Benz e um Chevrolet Impala, enquanto meu pai andava de Fusca visitando as obras da Estacas Benacchio.

* * *

Meu pai, como tinha sido combinado, foi trabalhar com meu avô na Estacas Benacchio, mas ficou poucos anos. Quando saiu da empresa, conseguiu com a família Scarpa a distribuição da Cervejaria Caracu para as zonas oeste e sul de São Paulo. Em 1969 nossa vida começou a melhorar, e a distribuidora, que já era Skol-Caracu, começou a dar lucro. Meu pai, então, começou a construir uma sede própria para a distribuidora, que com a Skol tinha crescido muito. Comprou um terreno na avenida que é hoje a Engenheiro Luís Carlos Berrini. Só que ele fez um cálculo errado, gastou demais e, sem capital de giro, foi pedir um empréstimo para meu avô Benacchio, que negou. Meu avô Regino, sócio da distribuidora, estava furioso e também não quis fazer aportes. Sem saída, meu pai teve que fechar a distribuidora e vender o galpão. Ele ganhou um bom dinheiro, mas fez maus investimentos e perdeu quase tudo. Com o pouco que sobrou, decidiu abrir uma distribuidora de "bebidas quentes", ou seja, uísque, aguardente, vinho, gim etc. Com a promessa de uma grande fabricante de que teria exclusividade na distribuição para pequenos e médios varejos, seria um excelente negócio, mas a tal fabricante não honrou seu compromisso e o projeto de meu pai naufragou.

Meu pai sempre tinha um plano B na manga e nos dava o seguinte conselho: é muito importante ter um negócio, por menor que seja, e estar de portas abertas para escutar e receber pessoas que podem trazer negócios melhores e maiores do que aqueles que você tem.

Dito e feito. Um amigo de meu pai, que tinha trabalhado na Brahma e frequentava a distribuidora de bebidas, contou que a empresa estava procurando um distribuidor para a periferia de São Paulo, que incluía São Roque, Cotia, Taboão da Serra, Itapecerica da Serra, Itapevi e Carapicuíba. Meu pai foi até a Brahma, apresentou suas credenciais e foi nomeado o distribuidor oficial dessa área. O único inconveniente seria o investimento alto para montar a distribuidora. Mais uma vez meu pai recorreu ao sogro e ao pai, e mais uma vez ouviu um não como resposta. Não sobrava alternativa a não ser hipotecar a casa onde morávamos e, com o dinheiro, alugar um imóvel e montar a distribuidora com tudo que fosse necessário para funcionar. A Brahma pediu ao antigo distribuidor que repassasse as rotas de seus caminhões, as fichas de consumo e os dados dos clientes. Ele se recusou. Assim, coube a nós refazer o cadastro dos clientes. Os números eram inacreditáveis: 14 cidades, 3 mil estabelecimentos e um total de 300 notas emitidas semanalmente, rotas para 20 caminhões de entrega e 7 carretas para a retirada de produtos nas fábricas.

Nessa época, eu já estava trabalhando com meu pai, e tinha certeza de que não daríamos conta do serviço – isso para não falar do prazo apertado que a Brahma nos tinha dado, de um mês. Não tínhamos tempo hábil para catalogar 4 mil clientes, com endereço, cidade, CNPJ, tudo feito à mão. Estávamos com um problema, até que veio a solução. Pedimos para os caminhões da concorrência seus livros de notas emprestados, com os pedidos a serem entregues, o que eles fizeram cordialmente, mas era impossível copiar à mão todos os dados. Outra ideia brilhante salvou nossa pele. Cada um de nós pegou um gravador, fomos até os caminhões dos concorrentes, e íamos lendo em voz alta e gravando os dados do estabelecimento. No fim do dia levávamos os gravadores para o escritório, onde as informações eram datilografadas, e conseguimos entregar a tarefa em vinte dias. Quando entregamos o material para a Brahma, eles não acreditaram que tínhamos conseguido. E, no primeiro mês, os 18 caminhões saíram da nova distribuidora em direção às entregas.

* * *

No começo da década de 1980, me formei em Engenharia Civil pela Universidade Mackenzie. Mesmo gostando muito do assunto, o mercado da construção passava por uma forte recessão, e eu já estava casado e com dois filhos. Foi isso que também me levou a optar por trabalhar na distribuidora Brahma.

Para expandir os negócios de distribuição de bebidas, em 1983 compramos a distribuidora da Brahma de Cubatão, que atendia também o Guarujá e Bertioga. Um negócio complicado de gerenciar por causa da sazonalidade: nas férias e feriados vendíamos muito, e bem menos no restante do ano.

Um belo dia, o contador da Brahma no Guarujá, sabendo que estávamos interessados em expandir os negócios além da distribuição de bebidas, entrou na sala do meu irmão, que tocava a distribuidora, e nos disse que um cliente dele, que era concessionário Chevrolet, tinha uma loja Ford na Mooca que estava à venda, pois a General Motors não o autorizava a trabalhar com outra marca de veículos.

Até a metade dos anos 1990, só existiam quatro montadoras de automóveis no Brasil: Chevrolet, Ford, Volkswagen e Fiat. Elas impunham uma série de restrições aos concessionários, dificultando que um revendedor associado a uma marca pudesse operar com outra. Como resultado, o concessionário Chevrolet teve que encerrar as atividades e vender a concessionária Ford.

Eu nunca havia pensado em trabalhar com carros, mas gostava bastante deles, como todo garoto da minha idade, a ponto de, no final dos anos 1960, correr de kart em Interlagos. Não era o melhor piloto, mas me divertia.

Meu irmão Paulo se destacava, tinha muito talento. Nossa equipe era bem formada e era patrocinada pela Skol. Além das corridas, nossa casa era ponto de encontro dos amigos aos domingos para assistir às corridas de Fórmula 1.

Negociamos a concessionária Ford com o dono, e, quando o negócio estava quase fechado, chamamos meu pai. Quando ele chegou ao local, não gostou do que sentiu, não aprovou o negócio, e começou a criar uma série de empecilhos, por isso nós e o vendedor achamos melhor desistir do acordo. Fiquei muito frustrado, e até hoje não entendi o que deu no meu pai, mas precisamos respeitar os sentimentos dos outros. No fundo, foi bom não ter acontecido. O futuro nos reservava coisas muito melhores.

Quando digo que não entendi por que meu pai tinha feito de tudo para que o negócio com a Ford não desse certo, acredito que ele não queria que trabalhássemos com carros – ele queria que cada um dos filhos trabalhasse com um depósito da Brahma, tanto é que comprou o depósito do Guarujá. Mesmo assim, foi ele que sugeriu que nos candidatássemos para ser concessionários das montadoras Volkswagen, Ford, Fiat e GM.

O processo funcionava assim: o candidato entrava com o pedido de uma concessionária, e, uma vez interessada, a montadora entregava uma carta de intenção, que significava que o candidato teria de cumprir uma série de exigências da montadora para estar apto a ser um concessionário. Imediatamente mandei cartas para as quatro montadoras instaladas no Brasil. Enquanto a resposta não chegava, meus irmãos e eu passamos meses nos aproximando dos funcionários com nível de gerência das montadoras; éramos bem recebidos e fomos fazendo amizade.

Nesse meio-tempo, descobri que na cobertura do meu prédio morava um americano, diretor de Peças e Acessórios da GM. Na maior cara de pau, num fim de tarde, toquei a campainha da casa do vizinho. Apresentei-me, falando inglês nativo e fluente, sem sotaque, achando que iria abafar, e contei que a Chevrolet tinha nos contatado, que tínhamos enviado uma carta de intenção para a GM, e perguntei como deveria proceder – imaginando que ele iria nos ajudar. O sujeito foi categórico: desaconselhou-me a seguir com a intenção, dizendo que o ramo era difícil e sugeriu que eu não insistisse na ideia. E deixou claro que não iria nos ajudar.

Pouco tempo depois, mesmo sem o apoio do tal diretor americano, recebemos um telefonema do setor de novas concessionárias da Chevrolet. Eles procuravam alguém que não fosse do ramo, queriam "arejar" a rede de concessionárias. Fomos convidados para uma reunião oficial com a diretoria, em que nos comunicaram que, se encontrássemos o local – na região do Butantã, onde eles queriam instalar uma concessionária – e cumpríssemos todas as exigências da carta de intenção, eles nos nomeariam concessionários Chevrolet.

Eu acredito muito em Deus, mas sempre corri atrás do que queria, e, como eles escolheram a região do Butantã, fui procurar um lugar que atendesse a todas as exigências da montadora, e assim ganharíamos a concessão. Parecia tarefa fácil, mas não era. O Butantã era um bairro quase estritamente residencial, não tinha nenhum terreno ou prédio que se adaptasse às exigências da Chevrolet. No único terreno que existia estava instalada a antena da TV Gazeta (onde foi construído o Shopping Butantã), mas era grande e seria difícil fazer negócio, pois a área pertencia a uma Fundação. Não desisti e continuei procurando, até que encontrei o prédio da fábrica de rádios Nissei (que tinha ido à falência): o novo proprietário queria vender, mas não encontrava comprador. Era o local ideal, já que atendia às condições impostas pela montadora. Não tínhamos dinheiro para comprar o imóvel, mas fui em frente mesmo assim, segurando as duas pontas: a nomeação e a compra do prédio.

Um dia após a nomeação oficial, recebemos um telefonema da GM-Chevrolet pedindo nossa participação em uma reunião. Meu pai (que também era um dos sócios) e eu estávamos muito nervosos, pois não sabíamos do que se tratava.

Chegamos no horário marcado, e a secretária nos encaminhou para a sala da vice-presidência, onde estavam sentados o próprio vice-presidente e o diretor-geral de vendas. Eles nos cumprimentaram cordialmente, mas não fomos convidados a sentar – ficamos de pé, encostados na parede, uma situação insólita e até humilhante. Quando o vice-presidente começou a falar, ele foi direto, e me lembro bem de suas palavras: "Por nós, da vice--presidência e da diretoria, vocês não teriam sido os escolhidos, mas, como respeitamos o Conselho, que escolhe os novos concessionários, o pessoal da regional de São Paulo escolheu vocês e estamos respeitando a decisão deles. Eu os aconselho a fazer a coisa certa e direito, pois estamos de olho em vocês". Estendeu a mão e falou boa-tarde. Eu estendi a mão e disse a ele: "Senhor presidente, pode ficar tranquilo, que faremos de tudo para surpreender positivamente toda a GM". E saímos da sala.

Peguei a carta de intenção da Chevrolet, apresentei-a para o dono do imóvel e para vários bancos, até que um deles aceitou fazer o *leasing* do prédio para nós. Era uma negociação de risco, porque se eu comprasse e reformasse o imóvel sem contrato e a montadora roesse a corda, eu estaria perdido, pois não tinha dinheiro nem o que fazer com o prédio – o negócio precisaria começar a andar para eu poder honrar os compromissos.

Cumprimos todas as exigências da Chevrolet: compramos o prédio, fizemos as adaptações no imóvel para que abrigasse uma concessionária, instalamos uma oficina, adquirimos as peças, contratamos e treinamos os funcionários, conseguimos capital de giro e começamos a funcionar. E só depois assinamos o contrato. Usamos como *benchmark* (referência) a Dacon, concessionária da Volkswagen, reconhecida por seu atendimento diferenciado. Com instalações novas e amplas e uma oficina mecânica moderníssima, a Regino Veículos mais parecia uma elegante butique de automóveis. Lançamos o RegiNotícias, uma mala direta repleta de informações do universo automotivo, falava de trânsito, leis, dicas e truques. E tínhamos também um Serviço de Atendimento ao Cliente – SAC.

O período não poderia ser mais propício, pois o mercado estava muito aquecido e a GM tinha carros para a concessionária vender e repor o estoque com agilidade. E, mesmo que a localização não fosse a mais adequada, vendíamos de 60 a 80 carros por mês, o que era muito bom para nós, novos no mercado.

Já imaginando que o mercado de automóveis não iria continuar em alta por muito tempo, procuramos um jeito de conseguir maior visibilidade, além das ações de marketing. Algum tempo depois compramos dois terrenos vizinhos, aumentamos nossas instalações e ficamos de frente para a Avenida Eliseu de Almeida, importante via de passagem. Como consequência, passamos a vender mais, chegando a cerca de 300 carros por mês, o que nos alçou, por muito tempo, ao posto de uma das cinco maiores concessionárias. Mesmo com apenas uma loja.

A mágica para alcançar o sucesso desse *ranking* foi focar o cliente e a criatividade. Estávamos sempre inventando uma novidade para chamar a atenção dos clientes e da mídia. Algo que era fora do comum, já que as concessionárias anunciavam nos classificados dos grandes jornais e pegavam carona nos anúncios das montadoras. Tínhamos de pensar em outras estratégias. Nosso público-alvo eram as pessoas de alta renda, já que estávamos perto do Morumbi e não muito longe do Alto de Pinheiros.

Nossa primeira investida foi em uma publicação na revista *What's*, uma reportagem que promovia a nova concessionária. Inventamos um curso de mecânica só para mulheres que foi concorridíssimo, afinal, "lugar de mulher nunca foi na cozinha, mas atrás do volante". Na temporada de Fórmula 1, instalávamos telões e convidávamos clientes VIP e celebridades para assistir às corridas na loja, com um farto *brunch* assinado por *chefs de cuisine*, como Neka Menna Barreto. Na prova no circuito de Suzuka, no Japão, montamos um jantar japonês (que ainda era novidade por aqui). Entre os convidados estavam Juca Chaves e Rubinho Barrichello, aos 17 anos, ainda correndo de kart, para ver Ayrton Senna subir ao posto mais alto do pódio ao lado de Alain Prost e Thierry Boutsen. Senna pilotava uma McLaren, com motor Honda V6 turbo, quando conquistou seu primeiro título mundial de Fórmula 1. Em 30 de outubro de 1988.

Eu me preocupava também em engajar os funcionários no espírito da equipe com campanhas internas, como "Mania de fazer melhor", inédita, que incentivava o atendimento impecável e original. Todas essas ações somadas fizeram com que a Regino Veículos fosse considerada uma "questão de estilo". Tínhamos campanhas assinadas por famosos, como o artista plástico Claudio Tozzi, com *socialites*, como Adelita Scarpa e Marina de Sabrit, veiculadas nas melhores revistas brasileiras, com cachê revertido para o Projeto Down, centro de pesquisas e informações sobre síndrome de Down.

Criamos o projeto "Leva e traz", para levar os clientes que deixavam o carro na oficina até o Shopping Iguatemi, um ponto mais central, e pegá-los de volta para retirar o carro pronto. O trajeto era feito em uma perua Brasinca com ar-condicionado, TV, videocassete, frigobar, bancos de couro e muito luxo e conforto.

Além disso, tivemos a ideia de patrocinar o jovem e promissor piloto André Ribeiro, desde a Fórmula Chevrolet até a Fórmula Indy, na divisão Indy Car World Series da CART. São-paulino roxo, André encerrou sua carreira em 1999 e, em parceria com a equipe Penske, montou, no Shopping Aricanduva, três concessionárias, uma delas Chevrolet. André foi um grande amigo da Regino. O piloto morreu em maio de 2021, num fim de semana de GP de Mônaco, e foi homenageado com um minuto de silêncio por seu time do coração, na final do Campeonato Paulista de Futebol, vencido pelo São Paulo.

Também apostávamos nossas fichas em Ingo Hoffmann, o maior campeão da história do Campeonato Brasileiro de Stock Car, com doze títulos, correndo com os modelos Opala, Omega e Vectra, da Chevrolet. A Stock Car é a principal categoria do automobilismo brasileiro, criada pela Chevrolet em 1977, com estreia no Rio Grande do Sul. Nessa época eram 19 carros competindo, todos do modelo clássico Opala. Ingo encerrou sua carreira na Stock Car em 2008, conquistando um honroso terceiro lugar, depois de trinta anos de pista. Não posso deixar de dizer que Ingo e André nos deram um retorno inestimável em termos de profissionalismo, dedicação, imagem e relações públicas. Os dois eram pessoas de caráter, moral, fidelidade, tanto como profissionais quanto como amigos. Só temos a agradecer a essas duas feras do automobilismo.

Mas não eram somente pilotos os nossos patrocinados. Otávio Mesquita, no início de seu programa *Perfil*, e Amaury Jr., com seu *Flash*, eram como colunistas sociais eletrônicos e faziam enorme sucesso nas madrugadas paulistanas. Antonio Galeb era outro que nos ajudava bastante, em seu programa *Shop Tour*. Um belo dia, Galeb chegou à Regino Veículos e nos contou sua ideia de um novo formato para o seu programa. Em vez de fazer a transmissão no estúdio, iria pessoalmente com sua equipe às lojas de roupas, de eletrodomésticos, joalherias – e até de carros – e apresentaria os produtos ao vivo, fazendo entrevistas com vendedores, compradores e celebridades, anunciaria promoções e negociaria vantagens com os vendedores. Ele nos apresentou o projeto e nós adoramos. Ele procurava patrocinadores para transportar a equipe e nos propôs uma permuta – nós emprestaríamos três carros, que seriam exibidos nas externas, e nos daria visibilidade no programa. Na época tínhamos uma locadora de automóveis, a Drive Rent a Car, e três Opalas que ninguém alugava. Acordo feito, emprestamos os Opalas para eles e bingo! Foi um sucesso para as duas partes.

Nomes menos estrelados, como o campeão de boliche Walter Junior de Assis Costa, com vários títulos conquistados no Brasil e no exterior, eram membros de nossa equipe. Por quê? Nosso nome estava lá, assim como em enduros de motocross – nossa equipe era formada por Antonio José Fontino, Augusto Maccapani, José Eduardo Lobato, o Tatá, Marcelo Scaloppi, Paulo Regino, Pascoal Zupo e Roberto Cavinato, devidamente paramentados para enfrentar os desafios que encontrariam pela frente, no meio do mato, na lama, nas trilhas íngremes, pedras e outros obstáculos. "É uma prova de resistência e regularidade", explicou Antonio Fortino, o campeão paulista na categoria Júnior de 1985 e vice-campeão na Sênior de 1986, para a primeira edição do jornal *Regino Notícias* de setembro de 1987.

Promovíamos também festas que não tinham nada a ver com o automobilismo, mas tornavam o nome Regino cada vez mais conhecido. Outra dessas boas ideias foi a criação de um cartão com uma chave sobressalente embutida que cabia na carteira, para aqueles mais distraídos, que sempre perdiam as chaves do carro. Nós somávamos, não dividíamos.

Nossa grande ousadia, no entanto, aconteceu no dia 17 de novembro de 1988 e reuniu políticos de peso, banqueiros, empresários, *socialites* e gente comum, como o garoto Kleber Marins de Paulo, de 17 anos, que veio de Jundiaí especialmente para a festa. O alvoroço aconteceu na boate Up & Down, na Rua Pamplona, onde nós – Tony, Paulo e eu –, a equipe Regino, junto com a Caçula de Pneus e a Jovem Pan, iríamos sortear um Monza SL/E 2.0 zerinho, para divulgar o lançamento do novo modelo do carro mundial da Chevrolet, que era o queridinho entre os sedãs desde 1982, ano de seu lançamento.

A brincadeira funcionava assim: quem fosse comprar na Regino e na Caçula de Pneus ganhava uma chave, dependendo da compra que fizesse, enquanto a Jovem Pan lançava perguntas no ar, e quem acertasse a resposta ganhava uma chave-convite para a grande festa em que seria sorteado o Monza. Não me lembro bem da dinâmica da promoção, mas apenas uma chave ligaria o Monza. A felizarda tinha acabado de comprar um Chevette na Regino, ganhou um convite para a festa e saiu dirigindo o objeto de desejo do momento. Para tristeza dos apaixonados pelo Monza, o carro saiu de linha em 1996, depois de terem sido vendidas quase 900 mil unidades.

Todas as nossas ações de propaganda, marketing, eventos e promoções, além de manterem o nome Regino Veículos na pauta, ajudaram a nos inserir no mercado automobilístico e, principalmente, a conhecer a complexidade do setor, que vai muito além da simples venda de veículos novos. Autopeças, manutenção, oficina, estoques, serviços, financiamentos, seguros, carros usados fazem parte de um universo complexo, principalmente num Brasil que saía de vinte e um anos de regime militar e protecionismo. Foi com muito trabalho e cercados pelos melhores assessores, que passamos a conhecer o que o público de alto poder aquisitivo precisava e como queria ser tratado.

Mas vamos dar uma pequena ré no tempo e falar de um fato político importante. Um zum-zum-zum dava a entender que não demoraria para a ditadura terminar. O advogado, empresário e político mineiro Tancredo de Almeida Neves era o candidato escolhido para substituir o então presidente João Figueiredo, o último general a presidir o Brasil, pondo fim a um longo período de ditadura. Tancredo Neves, um dos articuladores do movimento Diretas Já, seria o primeiro presidente democrático, escolhido ainda por eleição indireta, mas quis o destino que ele falecesse antes de assumir o cargo. Em seu lugar foi empossado o advogado, político e escritor maranhense José Sarney, seu vice-presidente, que governou de 1985 a 1990, quando então aconteceu a primeira eleição direta, depois de mais de vinte anos.

Quando a democracia voltasse ao país, era provável que o novo presidente reabrisse as importações. Nosso entusiasmo se devia ao desejo de ser representantes da alemã BMW no Brasil, um relacionamento que já vinha acontecendo. Nós queríamos que se realizasse, mas não sabíamos como fazer. Até que descobrimos o amigo do amigo do amigo.

BMW: NOSSO OBJETO DE DESEJO

Um amigo do Silvio, primo da minha esposa, Viviane, era um cara muito bem relacionado. Foi graças a ele que começaram as tratativas com a BMW. Silvio tinha esse amigo argentino, que tinha um amigo alemão, um certo Stefan, que trabalhava na BMW junto com Adolfo Meran, que era a pessoa responsável pela América Latina.

Quando Stefan escutou, nos escritórios da BMW na Alemanha, que estavam procurando um novo importador para o Brasil, ele falou: "Olha, conheço uma pessoa que mora em São Paulo e é concessionário, eu posso pedir a ele que nos indique alguém para, pelo menos, ter por onde começar a procurar".

Naquele momento, eles não conheciam ninguém no Brasil. Stefan, que era responsável pela África do Sul, contatou Meran, que entrou em contato com o primo da minha esposa, e então começou o caminho contrário: um falou com o outro, que falou para um terceiro, que falou comigo, perguntando se eu tinha interesse em ser importador BMW no Brasil. "Claro que eu me interesso", respondi. Estávamos em 1988, talvez na metade do ano, quando Meran me telefonou e depois mandou um fax (na época, era a comunicação mais moderna e rápida), avisando que estava vindo para o Brasil e querendo saber se podíamos marcar um encontro – e eu confirmei.

Marcamos um encontro na nossa concessionária Chevrolet, para ele conhecer a qualidade do nosso negócio, e começamos a conversar. Ele ficou praticamente uma semana no Brasil, depois foi para a Argentina e para o Paraguai, países que já tinham representantes, ainda fez um giro pela América do Sul e voltou para a Alemanha.

Passado algum tempo, ele me mandou um novo fax, voltou para São Paulo, encontrou-se com mais três ou quatro candidatos a importadores de grande peso e começou a vir a cada dois meses para o Brasil. Vinha, conversava e contava qual era a ideia da BMW, perguntava o que nós achávamos, como pensávamos tocar o negócio, e visitava os concorrentes. Eu o levava para jantar em bons restaurantes, a shows, ele conheceu minha família, íamos à missa aos domingos, jogávamos tênis, ele ia para a minha casa na praia da Baleia, litoral norte de São Paulo, onde adorava jogar futebol na praia com o time local no fim do dia.

Assim fomos construindo uma boa amizade, um bom relacionamento; ele era uma pessoa interessante, e tinha um irmão que morava aqui, que visitava sempre que vinha ao Brasil.

Ele começou a nos pedir documentos, pediu a carta de um banco com nossas referências. Eu consegui uma carta no Banco Noroeste, cujos donos eram amigos do Tony Leme, que trabalhava conosco "na mesa"[3] fazendo intermediação de venda de carros para o Brasil inteiro. Mostrei nosso contrato com a GM e vários documentos: como trabalhávamos, como era o nosso marketing e o que tínhamos feito na Regino Veículos. Ele ficou impressionado com o "Reginotícias", nosso jornalzinho, em que contávamos o que fazíamos, além de notícias do universo automobilístico e outros assuntos interessantes. Perceberam que nunca nos atrasávamos

---

[3] "Mesa" ou "mesa de carros": quando alguém pedia um carro que fosse de outra marca, de outro tipo, a pessoa que fazia parte da mesa saía atrás. As concessionárias tinham essa "mesa" em que três ou quatro pessoas trabalhavam por telefone, procurando quem tinha aquele veículo, fosse uma concessionária, fosse o cliente final, um amigo; comprava-se de uma concessionária e vendia-se para outra.

nem faltávamos a uma reunião, estávamos sempre à disposição, íamos buscá-lo no aeroporto, no hotel, e ficamos realmente bem próximos.

Depois de algum tempo, chegou a hora de eles escolherem o importador da BMW para o Brasil. Mas havia uma condição especial: era necessário que fôssemos para a Alemanha e levássemos o *business plan* que eu havia preparado. Adolfo Meran, responsável pela América Latina, nos dizia que éramos os candidatos mais fortes, em razão de tudo que tínhamos feito na Regino Veículos: com um marketing bem pensado, por falar fluentemente inglês, ter uma mente mais internacional e estarmos sempre presentes. Um dia, ele me contou que os alemães ficavam muito irritados com atraso, displicência e descaso de alguns possíveis importadores que tinham sido visitados e comentou: "Tenho a impressão de que alguns deles não estão interessados na BMW. Viemos para o Brasil com uma reunião marcada com um deles e, quando chegamos para o compromisso, ficamos sabendo que não poderiam nos receber, dando a entender que para eles a BMW não era importante. Sendo assim, eles também não eram os parceiros que nos interessavam, enquanto vocês estão sempre à disposição para nos encontrar ou tirar qualquer dúvida".

Foi então que ele nos convidou para ir à Alemanha conhecer a BMW, disse-nos que a diretoria queria nos conhecer e analisar o *business plan*, além das referências bancárias provando nosso poder econômico e nossa idoneidade. Ele sabia como trabalhávamos, quem seriam nossos diretores, como seria o organograma da empresa, entre outras condições.

* * *

Estávamos no final do segundo semestre de 1988, o mandato do presidente do Brasil, José Sarney, estava chegando ao fim; no ano seguinte aconteceria a primeira eleição direta para presidente. Ninguém sabia o que iria acontecer no país, nem se as importações, proibidas desde 1976, seriam liberadas – imaginava-se que sim, mas quando? Não tínhamos ideia.

Os poucos carros importados que circulavam no Brasil eram das embaixadas, as únicas que podiam importar automóveis, e mesmo assim os embaixadores não podiam vender os veículos antes de dois anos. Depois desse tempo eles vendiam seus automóveis, criando assim um pequeno mercado de importados usados.

Sabíamos que os carros preferidos dos embaixadores eram da Mercedes-Benz, que exportava para o Brasil cerca de cem carros por ano, enquanto a BMW mandava um ou dois carros. No início, queríamos entrar nesse segmento de carros importados para diplomatas e, se e quando abrissem as importações, nós já estaríamos atuando nesse mercado.

Em 1989, o então governador de Alagoas, Fernando Collor de Mello (que ficou conhecido como "caçador de marajás", por combater privilégios de funcionários públicos que recebiam altos salários não condizentes com a função), despontava como forte candidato à presidência, tendo como oponente o metalúrgico Luiz Inácio Lula da Silva. Collor considerava os carros brasileiros "verdadeiras carroças" e alardeava que iria abrir as importações se vencesse as eleições. Se Lula fosse o escolhido, nós sabíamos que essa abertura jamais aconteceria.

Como as negociações com a BMW estavam indo muito bem, nós realmente apostamos muito tempo e trabalho no negócio. No final de 1989, menos de um mês antes da viagem para a qual tínhamos sido convidados, eu não me sentia nada bem fisicamente. Mesmo assim, trabalhei por um mês e montei o tal *business plan* completíssimo, com tabelas, gráficos, perspectivas, a situação do mercado, o perfil do Brasil, o que era São Paulo, como seria a abertura de concessionárias. Modéstia à parte, foi um trabalho muito bom, do qual eles gostaram bastante. Tenho até hoje uma cópia desse documento nos meus arquivos. Junto com fotos, estatísticas de vendas, matérias de jornais e revistas, que minha mãe guardava dentro de um baú. Ela nunca deixou ninguém ver o que tinha dentro daquele móvel; só depois do seu falecimento é que pudemos ver o que estava guardando ali. Muitas lembranças que estão neste livro saíram dali, mostrando grande parte da história da família. Minha mãe sempre foi uma mulher guerreira no meio de quatro homens – meu pai, meus dois irmãos e eu. Ela sempre foi a força e a união da família, um exemplo para todos nós.

Pouco antes da viagem eu fui operado, e o médico me recomendou fazer repouso. Eu não poderia viajar, carregar peso nem ficar muito tempo na mesma posição. Não comentei com ninguém, não contei para a minha esposa nem ao meu pai e aos meus irmãos. Quando chegou o dia de embarcar, reuni toda a documentação, o *business plan*, e fomos, meu pai, meu irmão Tony e eu, para Munique, para encontrar o alto escalão da

BMW. Quando voltamos, essa minha "desobediência" me levou de volta para o hospital, para refazer a cirurgia. Minha esposa ficou muito brava, mas no final deu tudo certo.

Na Alemanha, nos hospedamos em um hotel em frente à fábrica da BMW, que fora o alojamento dos atletas israelenses na Vila Olímpica, na fatídica Olimpíada de 1972, quando onze competidores foram feitos reféns e mortos pelo grupo terrorista palestino Setembro Negro, responsável pelo maior massacre da história dos jogos esportivos. Passamos quatro dias em Munique, com uma programação intensa. Percebemos que os alemães, apesar de muito cordiais, estavam sempre analisando nossas atitudes, nossa educação, o modo de nos expressar. O que é normal em uma situação dessas, uma vez que nossos anfitriões eram muito formais. Brasileiros não são tão formais, mas nós conseguimos nos comportar adequadamente. Minha mãe ficaria orgulhosa. Ela era uma mulher incrível, inteligente e muito preparada. A base familiar que ela construiu, combinada com nossa formação americana, nos ensinou a importância da formalidade e quando utilizá-la de maneira adequada.

Meu pai era muito carismático, simpático, brincalhão, de quem todo mundo gostava, e nos ajudou muito nos momentos mais tensos. Abrindo um parêntese, muitas pessoas me ajudaram a agir de maneira correta no universo *business*. Meu sogro, Horácio, era um homem sensacional, alegre, otimista, sempre tinha uma palavra boa para dizer. Assim como meu pai, Horácio era carismático, iluminava o lugar em que estivesse. Nessa época, ele já tinha trabalhado com importação de máquinas operatrizes na empresa Corema, que fundou em sociedade com Lélio Ravagnani e Miguel Vitorino, e ela se tornou a maior empresa da área nos anos 1970. Cito meu sogro nesse ponto da narrativa porque eu admirava muito sua maneira de trabalhar; ele conhecia a fundo seu negócio e recebia as pessoas das empresas que ele representava, de qualquer parte do mundo, especialmente de países como Polônia, Estados Unidos, Itália e Espanha. Ele era um empreendedor e vendedor nato, ia pessoalmente visitar as fábricas de máquinas, acompanhava os clientes que queriam comprar equipamentos e ajudava-os na montagem de indústrias no Brasil. Horácio me ensinou a ser otimista, cordial, a nunca reclamar, e citava sempre um ditado que dizia "não tenho tudo que amo, mas amo tudo que tenho". Ele era um liberal que nunca criticava nada nem ninguém. Se não tivesse algo positivo para falar, simplesmente ficava calado. E, para esses momentos, ele usava o ditado "cada um cai do bonde como quiser".

Nós estávamos mais próximos dos alemães. Tão importante para eles quanto para nós era a parte de oficina que tínhamos na nossa concessionária Chevrolet, uma das dez maiores do Brasil, não apenas pelo tamanho da concessionária. Eram importantes também a limpeza e a administração, que impactaram positivamente o pessoal da BMW. No final de 1989, eles praticamente já tinham dado a importação da BMW para nós. Os procedimentos aconteciam como nas concessionárias brasileiras: apresentava-se a carta de intenção, com as obrigações a cumprir, e as condições que tínhamos que seguir para poder assinar o contrato. Ainda não era um contrato formal, mas dificilmente o compromisso seria quebrado.

Fernando Collor de Mello foi eleito presidente no segundo turno das eleições, o primeiro eleito pelo voto popular após a ditadura militar. Falava-se da abertura das importações, nós seguíamos conversando com a BMW para assinar o contrato e começar a importar. Collor assumiu a presidência em 15 março de 1990. Até esse momento não tínhamos certeza se a abertura das importações aconteceria, mas estávamos otimistas.

Como imaginávamos, o presidente Collor, que sabia que a indústria brasileira e a automobilística estavam desatualizadas, abriu as importações de vários produtos, inclusive automóveis, que era o que nos interessava. Nós já estávamos com tudo acertado com a BMW, era só colocar o processo em marcha.

Tínhamos uma viagem para a Alemanha agendada para o dia 16 de março de 1990. Estávamos, meu irmão e eu, nos dirigindo para o Aeroporto de Cumbica, quando ouvimos no rádio a repercussão do plano econômico que a ministra Zélia Cardoso de Mello tinha apresentado. Chegando ao aeroporto, ligamos para a concessionária para saber dos detalhes. Falamos com os diretores da Regino Veículos e com meu pai, e eles foram categóricos: "Vocês precisam voltar, cancelem a viagem, é melhor esperar para ver o que vai acontecer". A ministra da Economia, Zélia Cardoso de Mello, tinha acabado de lançar um pacote com 21 medidas provisórias, entre elas o confisco de contas bancárias, poupança e outras aplicações financeiras por um prazo de 12 meses, quando seriam devolvidas, sem correção monetária. Imagine o tamanho do nosso susto e da indignação.

Na reforma, a moeda corrente, Cruzado Novo, mudaria de nome para Cruzeiro, e cada cidadão poderia dispor de 50 mil cruzeiros (o equivalente, em 2023, a R$ 5.533,02, segundo cálculo do Banco Central em junho de 2024). O restante seria sequestrado. O Brasil ouviu a notícia estarrecido. As explicações da ministra não eram claras, os jornalistas e economistas de plantão também não entenderam o que ela apresentava, e o país ficou no ar: Como? Por quanto tempo? Como iríamos viver?

Como em tudo que fazíamos, cheios de coragem, decidimos seguir nossos planos e ir para Munique. Desembarcamos no dia 17 de março, como está carimbado no meu passaporte. Foi difícil explicar para os alemães o que estava acontecendo no Brasil. Não demos muitos detalhes nem fizemos alarde, até porque nós também não sabíamos direito o que estava havendo. Nós deixamos o contrato assinado, enquanto a BMW comprometeu-se a assiná-lo no dia 1º de abril e nos enviar.

Informação para sermos os primeiros

Eu não entendia nada de importação, e o negócio era bem mais complicado do que eu podia imaginar. Antes de começar essa empreitada, fui procurar o padrinho da minha filha, que trabalhava na maior *trading* do Brasil, na área de ferro e aço. Eu liguei para ele e pedi uma ajuda. Ele me indicou uma pessoa no Rio de Janeiro que sabia tudo do assunto. Eu agradeci e imediatamente telefonei para essa pessoa, que trabalhava numa transportadora internacional, especializada em transporte de importações. Gentilmente ele me atendeu, e fui logo falando: "Olha, quero passar um dia com você, para que me explique tudo, tudo, tudo sobre importação, pode ser?".

Peguei um avião para o Rio de Janeiro, convidei aquele senhor de certa idade e muita experiência para almoçar, e ele me deu uma aula: "Primeiro passo, você precisa de uma Proforma Invoice do exportador, dizendo que produto você vai importar para o Brasil. Com esse documento na mão, você dá entrada na Cacex para tirar a Guia de Importação (GI), daí, com essa Guia de Importação nas mãos, você vai ao banco e faz uma carta de crédito (que é o compromisso de pagamento da importação) e envia essa carta de crédito para um banco no exterior, onde fica a montadora que lhe interessa. Essa carta de crédito garante o pagamento no embarque, e, quando for feito o *Bill of Landing,* ou BL, que é quando a mercadoria está no navio, com o conhecimento de frete feito, aí você tem a carta de crédito garantindo o pagamento e que o bem – no caso, o veículo – está dentro do navio. E continuou: "Eu sugiro que você contrate um despachante na Alemanha para coordenar as etapas, que são receber o carro lá, ver se ele está em ordem, contratar e fazer o frete para o porto – a fábrica da BMW fica em Munique, os navios saem de Hamburgo e os carros fazem o trajeto Munique-Hamburgo de trem. Você precisa de outro despachante em Hamburgo para receber os carros, colocá-los no pátio e depois embarcá-los, é por isso que você precisa dessa pessoa lá". Eu não tinha ideia de quem seria essa pessoa, nem como todo o processo funcionava.

Essa era a primeira dificuldade. Ele continuou: "É preciso contratar outros dois despachantes aduaneiros, um para receber os carros em São Paulo e outro no Rio de Janeiro, onde ficam a Carteira de Comércio Exterior do Banco do Brasil (Cacex) e o Departamento de Operações de Comércio Exterior (Decex), e ir tratar das GIs com os funcionários da Cacex; se você não tiver alguém diariamente na Cacex e no Decex, as guias demorarão muito para ser emitidas".

"E aí, o que acontece?", eu perguntei.

Ele prosseguiu:

"Quando os automóveis chegam ao Brasil, a Receita Federal emite uma Declaração de Importação (DI), em que constam os dados do veículo, se estão condizentes com a Guia de Importação e se toda a documentação está em ordem, e emite as guias para recolhimento do Imposto de Importação. O despachante tem que seguir toda essa etapa e depois pagar os impostos, incluindo também o Imposto sobre Produtos Industrializados (IPI), o Imposto sobre Circulação de Mercadorias e Serviços (ICMS) e o da Marinha Mercante, calculado sobre o valor de transporte aquaviário, para liberar o carro".

"É preciso desembaraçar os automóveis assim que eles aportam?", perguntei, um pouco confuso. "Não", foi a resposta.

Ele me explicou que existiam os armazéns alfandegados e que era necessário desembarcar os carros rapidamente. Nessa primeira importação, como eram poucos veículos, eles vinham dentro de contêineres.

Era preciso retirar os carros dos contêineres e do porto, porque a armazenagem nesse local era muito cara e ia dobrando, dobrando e dobrando de valor, dependendo do tempo que ficassem lá. Um verdadeiro absurdo, além de correr o risco de os veículos sofrerem vandalismo e avarias. Era preciso contratar outro despachante, familiarizado com os trâmites portuários, para tirar os carros do porto e enviá-los para um armazém alfandegado particular, onde podiam ficar por até 90 dias, e pagavam-se os impostos no momento da retirada dos veículos. Isso era perfeito para nós, porque os carros, estando no Brasil, poderiam ser vendidos praticamente para pronta entrega, receberíamos o pagamento, e com esse dinheiro pagaríamos os impostos e as cartas de crédito. Caso contrário, não teríamos capital para retirar os carros. Com a carta de crédito, só pagaríamos os carros e os impostos quando tirássemos os veículos do armazém alfandegado, provavelmente já vendidos.

Resumindo, a primeira coisa que eu precisava fazer era ir ao Decex e obter uma Guia de Importação (GI), a autorização que deveríamos ter para importar um veículo. O segundo passo seria entrar com o pedido, que, uma vez consentido, permitia fechar o negócio no exterior e trazer o carro. E contratar vários despachantes para desembaraçar as inúmeras etapas do processo.

Desde 7 de abril de 1976 o mercado esteve fechado. Com a eleição do presidente Collor, tudo apontava para a abertura dos portos para a importação. Nós queríamos ser os primeiros.

Mãos à obra: começando a trabalhar

Quando voltamos ao Brasil, colocamos a assessoria de imprensa, que usávamos para a Chevrolet, para trabalhar. E começaram a pipocar as notas em toda a imprensa. Nossa ideia era que a BMW tivesse sua equipe própria, diferente da Chevrolet. A agência de publicidade escolhida para a BMW, por inúmeros motivos, foi a W/Brasil. Eu tinha simpatia pelo Washington Olivetto e pela sua equipe, por tudo que ele tinha feito, pelas campanhas criadas, os prêmios conquistados, e achei que a W/Brasil tinha a nossa cara.

A BMW aprovou a escolha da agência em razão do perfil internacional da empresa do Olivetto, que tinha filiais nos Estados Unidos, em Portugal e na Espanha, sendo que era na Espanha que a BMW estava produzindo seu material (fotos e filmes) de campanha para as importadoras. As fotos e os filmes de divulgação vinham prontos, com muita qualidade, além de outras peças feitas por essa filial.

O segundo passo foi contratar uma agência de eventos. A escolha perfeita era o Banco de Eventos, do José Victor Oliva, que também era um dos donos do Gallery, a boate da moda mais frequentada por nosso público-alvo. Por uma dessas coincidências, a W/Brasil e o Banco de Eventos trabalhavam juntos – Washington e Oliva eram amigos, estávamos em casa.

Para comemorar o fato de que éramos nós os representantes da BMW no Brasil, resolvemos fazer uma festa. E começamos a pensar, José Victor e eu, onde ela deveria acontecer. Optamos por um jantar no Gallery, com a lista de convidados frequentadores da boate. Arrumamos dois BMWs emprestados para ficar na porta da casa noturna. Foi servido um coquetel, exibimos um filme, falamos algumas palavras, mas a proposta era que fosse uma festa para as pessoas se divertirem, apresentar o BMW para a alta sociedade paulistana e criar um impacto.

Como o dinheiro de todo o mundo estava bloqueado, depois do confisco do dia 16 de março, e com a festa programada para um mês após o sequestro do dinheiro, todos pensavam se seria apropriado fazer uma festa em um cenário tão nebuloso. José Victor nos fez acreditar que sim. A festa traria um pouco de alegria para um momento tão sofrido do país e mostraria que tanto para a Regino Import quanto para o Banco de Eventos existia o lado bom da vida, que haveria de voltar. A noite foi gostosa, glamorosa, a banda do Gallery tocando, amigos se encontrando, pessoas dançando, algumas horas de alento no meio da incerteza. A festa foi um sucesso, com o melhor da sociedade paulistana, VIPs e jornalistas se divertindo.

Nesse mesmo momento, Washington Olivetto bolou um anúncio para a primeira página do jornal *O Estado de S. Paulo*. Foi um dos poucos anúncios coloridos publicados na primeira página: "BMW chegando ao Brasil". Essa foi nossa primeira entrada de marketing. A partir daí, tínhamos que trabalhar na organização: encontrar o melhor local para a concessionária, baseando-se no poder aquisitivo da região, frequência, tipo de comércio na redondeza, exposição à passagem de potencial público comprador. E também contratar vendedores, começar a pegar encomendas do carro etc. E tinha tudo a ver com uma empresa com a responsabilidade de representar a BMW em um país de proporções continentais. Uma tarefa árdua e contínua.

Faltava a assessoria de imprensa. A mais indicada era a CDN, de João Rodarte, que avisou com notas e declarações que a Regino Import era "a importadora BMW para o Brasil". Era uma equipe azeitada, que faria com que a BMW se tornasse objeto de desejo. Abrimos a Regino Import, especialmente criada para importar os carros BMW, fazer o marketing, nomear concessionários, além de ser responsável pela marca, pela parte técnica e comercial BMW Brasil.

A escolha do nome Regino Import foi o primeiro movimento que fizemos para enfrentar e enfurecer a indústria automotiva nacional, principalmente os quatro grandes que aqui estavam. Até então não existia no Brasil uma concessionária que representasse duas marcas, por causa da pressão exercida pelas quatro grandes (Volkswagen, Ford, Fiat e Chevrolet), para que o domínio do mercado não escapasse de suas mãos. E começou uma guerra velada contra nós. Era o maior oligopólio da indústria nacional contra a pequena Regino. Era Davi enfrentando Golias.

BMW: UMA HISTÓRIA LÁ E CÁ

A BMW (Bayerische Motoren Werke) é uma fabricante de automóveis e motocicletas alemã fundada em 1916. A empresa teve origem com a fusão de três fabricantes de motores aeronáuticos, que se uniram para formar a Bayerische Flugzeugwerke AG (BFW). Em 1917, a empresa mudou seu nome para Bayerische Motoren Werke (BMW) ou, em português, Fábrica de Motores da Baviera, um estado da Alemanha cuja capital é Munique.

Nos anos seguintes, a BMW se concentrou na produção de motores de avião para a Alemanha durante a Primeira Guerra Mundial. No entanto, após o fim do conflito, devido a proibições do Tratado de Versalhes à Alemanha, a empresa teve que se reorientar e começou a produzir motores para motocicletas e carros.

O logotipo branco e azul da BMW durante muito tempo foi interpretado como a representação de uma hélice em movimento, em alusão ao período em que a empresa se dedicava à fabricação de motores de avião. No entanto, o logotipo faz referência à bandeira do Estado Livre da Baviera. A confusão se deu porque, em um anúncio da BMW de 1929, mostra-se o emblema com os quadrantes de cor azul e branco impressos sobre uma hélice em movimento, o que deu origem à interpretação de que representava uma hélice.

Nos anos 1930, a BMW lançou uma série de modelos de carros esportivos, incluindo o lendário 328, que conquistou várias vitórias em corridas de automóveis na época.

Durante a Segunda Guerra Mundial, a BMW foi submetida ao controle estatal nazista, tendo sido uma das empresas que produziram equipamentos e motores aeronáuticos para o esforço de guerra alemão. Com a derrota alemã, a BMW passou por uma fase de reestruturação e reconciliação com a sociedade. A empresa se concentrou em reconstruir suas atividades e em se tornar moderna e global. Ela então focou a produção de motocicletas e, em 1952, lançou o modelo R68, que se tornou um ícone da marca. A BMW tem sido transparente sobre seu passado e reconheceu as ações da empresa durante a guerra.

Nos anos 1960 e 1970, a BMW se expandiu globalmente, abrindo fábricas em vários países, incluindo Estados Unidos, África do Sul e Brasil. A empresa também lançou novos modelos de carros, como o lendário esportivo BMW 2002, que se tornou um clássico do *design* automotivo. Na década de 1980, a BMW adquiriu a marca de carros de luxo Rolls-Royce e continuou a expandir sua presença global. A empresa também se concentrou na inovação tecnológica, lançando modelos com sistemas avançados de segurança e eficiência energética.

A BMW tem vários modelos de carros que se tornaram icônicos ao longo de sua história, mas, sem dúvida, um dos mais famosos é o BMW M3. O modelo foi lançado em 1986 como uma versão esportiva do BMW Série 3. O carro foi desenvolvido pela Divisão de Esportes da BMW, a BMW M GmbH, e rapidamente se tornou um dos carros esportivos mais desejados do mundo. O BMW M3 foi pioneiro na categoria, com sua combinação de desempenho, dirigibilidade e design elegante. Ao longo dos anos, a BMW lançou várias versões do M3, cada uma mais potente e avançada que a anterior. Hoje, o BMW M3 é um dos carros esportivos mais reconhecidos e admirados do mundo.

Assim como a BMW tem vários carros icônicos, também tem várias motocicletas que são consideradas lendárias. Mas, sem dúvida, uma das mais desejadas é a BMW R 90 S. Lançada em 1973, esse modelo foi um marco na história das motocicletas. Foi a primeira de produção em série a apresentar um design aerodinâmico com carenagem integral. Com seu motor boxer de 2 cilindros, a R 90 S oferecia um equilíbrio excepcional entre desempenho, conforto e estilo. Até hoje é considerada o ícone das motocicletas, com um design atemporal, que ainda inspira muitos entusiastas desse tipo de veículo em todo o mundo. A R 90 S também foi o primeiro modelo da linha "S" da BMW, criada para destacar o aspecto esportivo das motocicletas da marca. Desde então, a BMW lançou várias motocicletas "S", incluindo a famosa BMW S 1000 RR.

O automóvel BMW mais vendido no mundo é o Série 3. Esse modelo foi lançado em 1975 e é considerado mais um ícone da marca. Desde então, a BMW já vendeu mais de 15 milhões de unidades do Série 3 em todo o mundo, um sedã de luxo compacto que oferece um equilíbrio entre desempenho, estilo e praticidade, além de ser um dos carros mais procurados pelos entusiastas da marca.

Atualmente a BMW é uma das maiores fabricantes de automóveis do planeta, com uma ampla gama de modelos que inclui carros de passeio, SUVs e esportivos de luxo. A empresa continua a investir em inovação e tecnologia, lançando modelos elétricos e híbridos para atender às demandas dos consumidores por veículos mais eficientes e sustentáveis.

O desembarque no Brasil

No dia 1º de abril de 1990, a BMW assinou e nos mandou o contrato, válido por um ano, com direito a renovação. Seríamos importadores com a responsabilidade de nomear concessionárias, importar os carros, além de ser responsáveis por toda a garantia, pela assistência técnica, pelo marketing, por tudo que tivesse a ver com a marca BMW no Brasil.

Em 9 de maio do mesmo ano, caiu o tal veto às importações, ato do então presidente, general Ernesto Geisel, que proibia a importação de veículos automotores, além de outros produtos. A alíquota do Imposto de Importação (II) era de 85%, mais 35% de IPI, mais 18% de ICMS, todos em efeito cascata, fazendo com que o preço do produto final, no caso dos carros importados, ficasse 3,5 vezes mais caro para o consumidor final em relação ao veículo na origem. Por exemplo, o BMW 318is, que custava na época 25 mil dólares, chegaria ao Brasil custando 85 mil dólares para venda.

Obter a Guia de Importação para o primeiro carro não era tarefa fácil, uma vez que era preciso um decreto para regulamentar o procedimento. Por sorte, alguns assessores do governo Collor tinham trabalhado com aquele senhor que havia me ensinado tudo sobre importação e eram ligados ao Ministério da Economia, a Zélia Cardoso de Mello e ao presidente Collor. Rapidamente foram anunciados os Decretos nº 99.244, de 10 de maio de 1990, e nº 99.267, de 29 de maio de 1990 (Portaria MEFP 365, de 26 de junho de 1990), que derrubavam o veto às importações. O próximo passo foi telefonar para a BMW, explicando sobre a abertura das importações no Brasil, que estávamos prontos para importar os carros da marca, e que eles tinham de correr para nos mandar um automóvel. Por uma questão de marketing, queríamos ser os primeiros a trazer um carro importado, depois de 14 anos de mercado fechado. Seria bom para a BMW e para a Regino Import.

Era preciso convencer a BMW de que eles teriam de nos mandar um modelo em tempo recorde – normalmente demora cerca de três meses entre o carro começar a ser montado e ficar pronto. Com a ajuda do Meran, nossa voz na BMW, conseguimos um 520i, modelo médio da marca, com teto solar, bancos de tecido e espelho lateral aquecidos – o que para quem vive no Brasil não fazia o menor sentido, mas assim mesmo arrematamos o carro. Para que ele chegasse rápido, era necessário que o automóvel viesse em um avião cargueiro. Entramos em contato com um amigo que era diretor da Varig, que nos explicou o que fazer, e dia 15 de junho de 1990 o BMW 520i embarcou no aeroporto de Munique. O primeiro carro importado BMW 520i desembarcou aqui no dia seguinte. A divulgação na imprensa foi farta, sendo até tema de chamada de primeira página do jornal *O Estado de S. Paulo*. Depois da chegada do BMW 520i, o mercado automobilístico brasileiro nunca mais seria o mesmo.

Tínhamos que abrir a primeira concessionária, já que a Regino Import era só uma importadora, o que a equiparava a uma fábrica. E uma fábrica não podia vender carros para o cliente final. É a Lei Ferrari – que, apesar do nome, não tem nada a ver com a fábrica dos carros de Maranello –, uma lei brasileira para regular a relação entre concessionários e fábricas, evitando que estas abusem do seu poder na relação comercial. Descobrimos, em uma daquelas ruas da Vila Nova Conceição, perto da Rua Fidêncio Ramos, um lugar pequeno, mas simpático, onde montamos uma oficina moderníssima para, no máximo, quatro carros, e uma pequena loja para expor os automóveis BMW importados.

Que nome dar para essa concessionária? Depois de muito pensar, o Tony Leme, que trabalhava em uma de nossas "mesas", sugeriu Deck, que era o nome de um badalado restaurante e lanchonete (para quem quisesse comer e namorar no carro, "A" novidade) dos anos 1970. Ficava em um trecho da Avenida 9 de Julho, nos Jardins, bairro nobre de São Paulo, onde os amantes de carros e velocidade "tiravam racha" com seus Fuscas com motor Porsche, com comando Iskenderian e carburadores Weber, ou os Volks 1.600 apelidados de "Zé do Caixão" – e até uma Kombi com motor de Porsche. Às vezes eu aparecia por lá com meu Corcel GT, que não chegava nem perto das arrancadas dos carros com tração traseira e motores envenenados. Surpreendentemente, no final dos anos 1970, o tal proprietário do restaurante Deck, um apaixonado por carros, abriu uma loja de veículos importados usados, em sociedade com o Tony Leme, onde vendia Porsches, Mercedes-Benz, Mini Coopers, entre outros.

O que sustentava a nossa "mesa" era a Regino Veículos, que, quando um carro parava no estoque, vendia para o Brasil inteiro. Quem trabalhava na nossa "mesa" era o Tony Leme da Fonseca, que até 1974 foi um dos melhores vendedores e conhecedores do mercado de carros importados. Ter o Tony Leme trabalhando na BMW como gerente de vendas era garantia de sucesso. Vieram trabalhar com a gente também o Calixto Portella, um dos grandes vendedores de Mercedes da época, e seu filho Fernando. Montamos uma ótima equipe de vendas, que conhecia o mercado, que conhecia todo mundo, sabia quem eram os clientes de carros importados, quem comprava para as embaixadas. Era um belo time.

Para Peças e Serviços, fomos buscar um rapaz que era desse setor na Mercedes-Benz, o Emílio Ibrahim, uma pessoa muito bacana, conhecedor de tudo que se referia a importação de peças e serviços.

Na época, a BMW tinha passado por uma grande mudança na sua linha de veículos – as linhas 5, 7 e 8 tinham sido modernizadas, exceto a série 3, mais barata e econômica.

Aqui vale um parêntese para explicar a nomenclatura dos carros alemães. Os automóveis desse país não têm nomes, e sim siglas. A série 3, por exemplo, significa o número da carroceria onde são montadas várias versões de automóveis e motores; "i", que pode vir antes ou depois da série, quer dizer carro com motor a gasolina, e "d", com motor a diesel; e a numeração que aparece no final é referente à quantidade de litros que comporta e qual a potência do motor – no caso do 1.8, quer dizer que o carro precisa de 1,8 litro para ser acionado e é mais potente do que um 1.4, por exemplo.

A mesma lógica vale para as outras séries, como a série 5, média, que tinha motores de 2,0 litros, 3,5 litros e depois 4,0 litros, formando os carros 520i, 525i, 535i e 540i, todos montados sobre a plataforma E. Naquele tempo, os carros com motor 1.8 tinham uma taxa de compressão muito alta e injeção eletrônica não tão sofisticada para adaptar o carro à baixa octanagem da gasolina brasileira. Chegamos a mandar a nossa gasolina para lá (dá para imaginar o trabalho que deu para embarcar gasolina em um avião?) e explicamos o porquê da adição de álcool à gasolina, para que a BMW fizesse os testes. Por causa desses problemas, a BMW dificultava a nossa importação.

Já na série 7, o sedã maior e mais luxuoso tinha os motores 3,5 V-8 e 5,0 litros V-12 9 (12 cilindros). A série 7 vinha com um L no final da sigla e significava que aquela série era longa[4]; como exemplo, temos o 735iL e o 750iL. Durante alguns anos eles mantiveram a mesma plataforma e renovaram apenas a carroceria. Até que as plataformas foram modernizadas e estavam prontas para receber nova denominação, caso do E36, linha de 1991, um dos grandes sucessos da montadora alemã. Hoje, com os carros elétricos, é outra a nomenclatura usada pela BMW.

Depois de muita conversa por causa da taxa de compressão desses veículos e da baixa octanagem da gasolina brasileira, a BMW não queria nos mandar os automóveis. No entanto, de posse da nossa amostra de gasolina com álcool, eles concluíram que o álcool ajudava na combustão e que não haveria problema com os automóveis que iriam rodar aqui no Brasil.

Daí veio nossa segunda importação: foram quatro carros E30 318is. Negociamos com os bancos para abrir as cartas de crédito, e não conseguimos a confirmação; acabamos mandando o dinheiro por intermédio de um banco estrangeiro. Estamos falando de um valor de FOB (Free on Board) de aproximadamente 80 mil dólares, o equivalente, nos anos 1990, a 448.336 cruzeiros, com o dólar cotado a 56,04. Apesar do absurdo de 55% do valor da alíquota de importação, do preço que os carros chegariam a custar

---

[4] A distância entre eixos era maior que a normal, gerando mais espaço para as pernas dos ocupantes do banco de trás.

no Brasil, resolvemos apostar e trazer quatro E30 318is. Contrariando qualquer previsão, vendemos os quatro carros rapidamente.

Na terceira importação, como os automóveis série 3 com carroceria E 30 estavam defasados e prestes a sofrer mudanças, nós optamos por trazer os carros grandes da BMW, das séries 5, 7 e 8. Contatamos vários bancos com os quais já tínhamos trabalhado – Banco do Brasil, Banco Bradesco, Banco Itaú –, tanto na Brahma quanto em nossos outros negócios. Éramos conhecidos, tínhamos um bom *score* bancário, tanto quando fomos assumir a Chevrolet como quando fomos pegar o primeiro BMW. Mandamos nossa relação de bens, nossas fichas de crédito, sem protesto ou falta de pagamento, não tínhamos problemas trabalhistas nem fiscais. Nossa ficha era AAA.

O Banco Bradesco foi o único que aceitou fazer uma reunião sobre abrir uma carta de crédito de cerca de 350 mil dólares. E qual seria o resultado na conta multiplicada por três (o cálculo que fazíamos na época)? Resultaria em uma venda de carros por cerca de 1 milhão e duzentos mil dólares. A primeira pergunta que o gerente do Bradesco nos fez foi: "E se vocês não conseguirem vender os carros, o que vão fazer?". Respondemos: "Vamos ficar com eles, mas temos certeza de que vamos vender esses automóveis, ou nem estaríamos nesse negócio. O mercado está muito aquecido, tem muita gente procurando carros, mas os clientes querem ver os carros de perto, especialmente essa nova linha, antes de pagar". Enfim, continuamos lutando, fomos várias vezes conversar com a diretoria do Bradesco, eles queriam entender a abertura da carta de crédito, e finalmente autorizaram.

Começaram então os trâmites legais: juntamos a documentação, entramos na Cacex pedindo a Guia de Importação, encomendamos os carros, especificamos os acessórios, a cor, as cores do interior, os bancos e tudo o mais que sabíamos que iria agradar o mercado brasileiro, e mandamos para a BMW para que fabricassem os veículos. Entre encomenda e fabricação eram cerca de três meses, como mencionei. Entre os carros saírem de Munique de trem, irem para Hamburgo e embarcarem no navio rumo ao Brasil, a viagem levava cerca de vinte dias; enfim, o *pipeline*, como chamávamos, era de cerca de quatro meses, se não houvesse nenhum imprevisto.

Para o carro ser produzido era preciso ter uma carta de crédito aberta e confirmada, o que levava algum tempo para se resolver. Conseguimos as tais cartas de crédito e mandamos para a BMW, quando veio a triste notícia: nenhum banco europeu queria confirmar uma carta de crédito brasileira. Como o Brasil tinha pedido a moratória de juros em 1987, nenhum banco queria correr o Risco Brasil. Não era risco Bradesco ou Banco do Brasil, nem Regino Import. Era Risco Brasil, o que era bem mais sério.

A casa caiu. Pensamos que mais uma vez estávamos nadando e poderíamos morrer na praia. Nem pensar. Como fazer? O que fazer? A dificuldade estava na Europa, que não nos conhecia, nem nós a eles. Ainda não existia o euro, as transações eram feitas em marco e a taxa de conversão marco-dólar era de 1,6 a 1,64.

Eu sempre fui muito aberto a conversar sobre tudo e com todos. Naquele tempo, patrocinávamos o André Ribeiro, piloto da Fórmula Indy. Em uma conversa com ele, contamos que o negócio com a BMW estava difícil, que não conseguíamos confirmar as cartas de crédito no exterior, falamos tudo que tínhamos tentado.

André nos aconselhou a procurar seu irmão, Lincoln Pereira, que na época trabalhava no inglês Midland Bank. Marcamos com o Lincoln, fomos conversar com ele para saber se tinha alguma sugestão, como poderia nos ajudar. E o Lincoln pôs o ovo em pé: "É simples, o Midland é europeu, eu conheço vocês, conheço a BMW, sei como a coisa funciona e consigo convencer a minha diretoria no Reino Unido a garantir o Brasil e fazer essa garantia que vocês precisam de qualquer banco brasileiro, Bradesco, Itaú, Banco do Brasil" [e outros que existiam na época, Nacional, Real, Unibanco]. "Eu confirmo a carta de crédito; se o Brasil não pagar, o Midland Bank paga."

Negócio fechado. Entreguei tudo que o Midland precisava, o banco confirmou as cartas de crédito para o banco da BMW na Alemanha. E os carros foram liberados com a garantia do Midland Bank. Agradeço ao Lincoln e ao André até hoje. Os dois tiveram uma grande participação na viabilização da importação de automóveis no Brasil.

Com isso, a BMW teve as garantias de que precisava e pôde mandar os carros das séries 5, 7 e 8 para o Brasil. Eram veículos luxuosos, muito caros, por causa principalmente do Imposto de Importação de 85%, e a BMW ainda não era tão conhecida no Brasil. O brasileiro ainda tinha o Mercedes-Benz como referência de luxo.

Os carros vieram em contêineres. O Emílio Ibrahim, que era de Peças e Serviços, entendia bastante de importação. Contratamos um despachante para nos ajudar, conseguimos desembaraçar os carros, pagar os impostos e levar os automóveis para a Deck, nossa concessionária que havia sido aberta em uma pequena loja na Rua Funchal, para receber e comercializar os primeiros importados do Brasil.

Os carros fizeram o maior sucesso, muita gente visitava a loja, ficava admirando os automóveis, mas comprar, que era bom... Estava difícil. Só os modelos BMW 850i e 735i tinham interessados; os outros, 535i, 750i e 735iL, eram mais complicados de vender. A carta de crédito estava vencendo e precisávamos pagar o banco.

Havíamos pedido empréstimo para nacionalizar os carros, já que não tínhamos o capital, e os carros estavam lá, sobrando. Chamamos de novo o gerente e a diretoria do Bradesco e confessamos: "Está difícil vender os carros, não imaginávamos, mas eles acabaram ficando muito caros". Calculamos que o 850i custaria 330 mil dólares; o 750i sairia por 250 mil dólares; e o modelo 535i, cerca de 195 mil dólares. Se você acha que é muito dinheiro hoje, imagine essa quantia em 1991.

Apareceu uma pessoa interessada no 850i, que foi atendida pelo Fernando Portella; ele tinha uns vinte e pouco anos e era aprendiz de vendedor. O Calixto (pai do Fernando) e o Tony Leme não conheciam o possível comprador. Antes da abertura das importações, todos que compravam carros importados eram conhecidos, o Tony Leme e o Calixto sabiam quem era quem, sabiam quem era comprador e quem não era. O nicho do mercado era tão pequeno que podíamos saber quem estava entrando na loja apenas olhando a placa do carro. Se bem me lembro, até 1992, conseguíamos decorar as placas e os donos de cada carro importado. Sabíamos quem entrava na loja, quem tinha potencial de compra e quem só vinha olhar. Mas essa pessoa, que tinha interesse no 850i, não era conhecida de ninguém.

Numa espécie de pegadinha, o Calixto pediu ao Fernando: "Vai atender o rapaz". Lembro bem que o carro custava 360 mil dólares. A pessoa entrou na loja, viu o carro, sentou no banco, gostou e ficou muito tempo examinando a máquina. O Calixto e o Tony só observando, achando graça, afinal o Fernando era calouro – "...vamos deixar o Fernando conversar com o possível comprador e ver no que vai dar".

Depois de meia hora, o Fernando, ainda com o cliente, veio até o Calixto e o Tony e disse: "Temos uma oferta no 850i preto". O Calixto respondeu: "Uma oferta? De quanto é a oferta?". "De 340 mil dólares", respondeu o aprendiz. O Calixto e o Tony quase caíram para trás. "340 mil dólares?", eles queriam confirmar. "É... à vista...", respondeu o Fernando. Eram 10 horas da manhã, o Calixto e o Tony, ainda brincando com o Fernando, recomendaram: "Fala para o cliente que, se ele aumentar a oferta para 350 mil dólares, ela será aceita, desde que até as 14 horas ele esteja aqui com o dinheiro, aí o BMW 850i preto será dele". O Fernando comunicou ao cliente: "Você tem que estar aqui com o dinheiro até as 14 horas". "Combinado", respondeu o cliente, e foi embora. Os dois veteranos tinham certeza de que o suposto comprador nunca mais iria voltar. E se gabaram: "Passamos um trote no garoto".

E não é que às 14 horas em ponto o interessado pelo carro voltou, com o dinheiro vivo dentro de uma caixa? E disse: "Está aqui! O primeiro BMW 850i do Brasil é meu". E, depois dos trâmites legais, saiu com o carro. Essa foi a primeira venda que fizemos: o BMW preto, e a primeira do Fernando. Os dois veteranos, Calixto e Tony, ficaram com cara de tacho.

Depois vendemos o 735i para outro cliente, e sobraram três carros: o 750i, o 535i e o 735iL. O que faríamos com esses carros? Estava difícil vender, nós precisávamos do dinheiro, o empréstimo no banco quase vencendo, estávamos "no bico do corvo", como se diz. Era muito dinheiro. Como resolver esse impasse?

Tivemos a seguinte ideia: os carros estavam em nome da Regino Import. Por que não fazer um *leasing* da Regino Import para a Regino Veículos, mantendo os carros e gerando autofinanciamento? Com o dinheiro, pagamos o empréstimo e devolvemos para a Regino Import, que ficaria com capital de giro e pagaríamos por mês. Tínhamos muita convicção de que o banco aceitaria, por dois motivos: porque o crédito da Regino Veículos comportava tal *leasing* e porque nos comprometemos a ficar com os carros se não fossem vendidos.

Pedimos uma nova reunião ao gerente do Bradesco, explicamos a situação, e eles foram espetaculares: fizeram o *leasing* dos três carros. Eu fiquei com o 750i, meu irmão ficou com o 535i e minha mãe, com o 735iL. Com um gordo financiamento, de cerca de 800 mil dólares, que era o valor dos três carros mais o lucro, ficamos com liquidez de mais de

1 milhão de dólares, que era bastante dinheiro. Começamos a circular e a mostrar os carros por São Paulo, enquanto importávamos mais carros das linhas 5, 7 e 8, abrindo cartas de crédito e trazendo carros. Estávamos no mercado automobilístico havia apenas quatro anos, já que a Regino Veículos foi inaugurada em 1986, e ainda estávamos pagando o investimento feito: a compra dos terrenos, o capital de giro, estoque de usados, estoque de peças. A situação não era fácil por falta de liquidez, mas sempre vivemos assim, como dizíamos, "vendendo o almoço para comprar o jantar"; estávamos ganhando dinheiro, mas o capital de giro de que precisávamos era alto, e o dinheiro em caixa era pouco.

Tínhamos que promover os carros. Não adiantava colocar anúncios em jornais, revistas, muito menos na televisão, porque nossos carros eram para um nicho de mercado muito especial. A estratégia era o boca a boca, com pessoas muito próximas e conhecidos, circular com os carros e ligar para os amigos perguntando que modelo eles queriam, como eles queriam.

Eu tinha o meu carro, o 750i, e meu irmão, o 535i. Íamos aos lugares badalados, frequentados por possíveis compradores, e apresentávamos o carro. As pessoas ficavam encantadas, descobriam que estávamos importando BMW, comentávamos que tinha direção eletrônica, banco elétrico e aquecido, um belo sistema de som com CD e caixa de até seis discos. Era um avião perto dos carros nacionais. Dependendo do entusiasmo, dávamos a chave para o amigo ou conhecido experimentar o carro e devolver no dia seguinte; ficávamos com a chave do carro do amigo e a troca dos carros acontecia na Deck. Depois de dirigir o BMW por um dia, o eventual comprador ficava entusiasmado e sabíamos que ele compraria um BMW. Nem que fosse algum dia. O importante era o boca a boca.

Meu irmão e eu jantávamos sempre fora, íamos muito ao Gallery e a outras casas noturnas de São Paulo. Todas as vezes que chegávamos a algum restaurante, dávamos uma boa gorjeta para o manobrista para que estacionasse o carro na porta da casa, enquanto ele mandava os Mercedes para o estacionamento. Quem chegasse de BMW era tratado com mais simpatia, e o manobrista comentava com o dono do carro: "Que carrão o senhor está dirigindo! Deixa comigo, vou estacionar aqui na porta, em um lugar especial". Assim, conseguíamos muita exposição. Todos os melhores restaurantes, por muito tempo, tiveram alguns BMWs estacionados na porta. Isso também chamava atenção. Quem não gosta de ser reconhecido na porta de um restaurante, de ser bem tratado, de ser notado?

No começo, poucas pessoas tinham BMW, então, quando chegávamos com algum em um restaurante, era uma festa, porque os manobristas sabiam que a gorjeta seria gorda. Uma reportagem da revista *Veja* mencionou, certa vez, quem eram as pessoas que davam as maiores gorjetas em São Paulo, e quem eles puseram na matéria? O Pelé, o cantor Nelson Ned e eu. Na verdade, era como se eu estivesse a trabalho, pois era importante que os BMWs estivessem estacionados na porta dos restaurantes. E assim fazíamos nosso marketing indireto.

Foi então que o José Victor Oliva, do Banco de Eventos, teve uma ideia genial: promover um jantar para casais VIPs ou para amigos. Um motorista seria contratado, ele pegaria um dos carros, o meu 750i ou o 535i do meu irmão, iria buscar os convidados na casa deles e os levaria para jantar no Massimo (o melhor restaurante de São Paulo na época) por nossa conta. Depois, se eles quisessem, poderiam dar uma passada no Gallery. Isso promoveria os carros, especialmente para o nosso nicho. Usando a lista do Gallery, o Banco de Eventos mandou os convites para os escolhidos, e todas as noites, com o 750i ou o 535i, o motorista buscava o cliente e o levava para o restaurante. Se quisesse, o convidado poderia dirigir o carro e viveria uma experiência única – o motorista iria no banco do passageiro.

Essa ação deu muito certo. Foi a primeira do gênero, como outras em que fomos pioneiros. As pessoas adoravam, voltavam falando maravilhas do restaurante e maravilhas do carro. Desse jeito, fomos criando demanda por um carro caro, de nicho, enfrentando a Mercedes-Benz – que já era uma marca consolidada no Brasil – e mostrando o que era a BMW.

Nosso forte também era a divulgação, com assessoria de imprensa do João Rodarte. E assim, os jornalistas se interessavam mais e mais por todos os assuntos que a BMW rendia e por tudo que a gente fazia. Essa era uma das armas que usávamos contra a indústria automobilística nacional. Éramos diferentes, éramos de nicho.

As coisas andavam bem para nós, fomos os primeiros importadores pós-abertura dos portos. Vendíamos bem. O automóvel BMW tinha se tornado objeto de desejo.

A felicidade continuou com a abertura da concessionária em Brasília, sob a direção de Fernando Portela (aquele aprendiz que vendeu o primeiro 850i), que comercializou, naquele mesmo ano, 1990, 64 BMWs para os diplomatas, que tinham isenção de impostos (falarei sobre isso mais adiante). Tínhamos dado um passo de gigante.

*   *   *

O Brasil era um país difícil, economicamente falando. E isso nos obrigou a superar vários obstáculos, como as constantes desvalorizações e troca de nomes da moeda, os "milagrosos" planos econômicos, a inflação em constante alta, o tamanho da dívida externa, que faziam o Brasil ser malvisto pelo mundo. E isso vinha acontecendo desde muitos anos antes de pensarmos em importar automóveis.

Alguns exemplos:

No dia 29 de outubro de 1984, pela Lei Federal nº 7.232/84, foi criada a Política Nacional de Informática, PNI, que ajudou a atrasar o desenvolvimento do Brasil em tudo que era ligado à informatização. Ou seja, tudo que se referia ao tema tinha que passar pela Secretaria Especial de Informática, a SEI. Essa medida atrapalhou toda a indústria nacional, inclusive de carros, porque as injeções eletrônicas eram feitas com chip, e para conseguir esse chip era preciso ter uma autorização especial da SEI; a mesma coisa para importar computadores. Era uma dificuldade imensa conseguir a Guia de Importação ou ter o domínio sobre o chip. Essa medida retardou tanto a informatização quanto a indústria no Brasil. Foi um desastre. Com essa medida, o governo queria ter a reserva do mercado, incentivar a informatização do país, porém, mesmo que tivessem aparecido indústrias de informática brasileiras, os produtos seriam caros e ineficientes. O Brasil começou a ficar atrasado em relação ao resto do mundo. No mercado automobilístico, um bom exemplo dessa ineficiência é o primeiro carro com injeção eletrônica montado no Brasil, o Gol GTi, que só pôde ser lançado em 1988.

A Volkswagen tinha conseguido com a SEI autorização para importar peças eletrônicas para fabricar 2 mil veículos. A obrigatoriedade de aprovação da PNI e da SEI só foi revogada no início de 1990. A nossa primeira Guia de Importação só saiu por imposição da equipe econômica e interesse do presidente.

Três anos mais tarde, após a promulgação da Lei da Informática, no dia 20 de fevereiro de 1987, o presidente maranhense, nascido José Ribamar Ferreira de Araújo Costa, conhecido como José Sarney, em razão do baixo nível das reservas internas brasileiras, e um ano após o lançamento do Plano Cruzado, declarou ao Fundo Monetário Internacional (FMI), nosso maior credor, que suspenderia o pagamento de juros da dívida internacional por 18 meses, a fim de recompor as reservas do país.

Ele não usava essa palavra, mas o ato que assustou a comunidade internacional nada mais era do que uma moratória. Foi por esse motivo que tivemos dificuldade para confirmar a primeira Carta de Crédito na Europa.

Com as portas da economia internacional fechadas desde 1974, ninguém queria investir no Brasil, por medo de calote. As negociações com os meios financeiros internacionais eram complexas. E, quando decidimos começar as importações, elas ficaram ainda mais complexas, porque ninguém no exterior queria correr o Risco Brasil, como já mencionei. E como isso afetou a Regino Import! Foi difícil, mas, como nós nunca desanimamos e sempre acreditamos que vender carros tinha de ser uma alegria, seguimos superando os obstáculos.

Nada será como antes

É importante ressaltar que depois da chegada do BMW 520i, o mercado de veículos brasileiro nunca mais foi o mesmo. Esse novo *player* causou alvoroço tanto entre os possíveis compradores quanto entre aqueles que atuavam na indústria automobilística. Eles não se conformavam com o fato de nós, três jovens, com apenas quatro anos no mercado automobilístico como concessionários, havíamos conseguido importar o primeiro automóvel do país, e eles não. Para a indústria nacional de veículos, ou melhor, para as quatro grandes, era uma vergonha. Pelo menos essa era a conversa que rolava nos bastidores do setor.

Que aconteceria uma corrida para a importação de carros, mais dia, menos dia, era fato consumado. E a própria indústria automobilística brasileira entrou na disputa. As primeiras três marcas a aportar, além da BMW, foram a Citroën, de Sergio Habib e Jorge Toquetti, a Mitsubishi, de Eduardo Souza Ramos e Paulo Arantes Ferraz, e a russa Lada, importada por uma empresa do Panamá, trazendo o Niva. Antecipando as dificuldades que teríamos pela frente, acabamos nos reunindo em um grupo de importadores para, juntos, resolver os problemas. Dessas reuniões surgiu a Associação Brasileira das Empresas Importadoras de Veículos Automotores, a Abeiva, com os quatro primeiros importadores, e fomos agregando as 14 novas importadoras que chegavam ao Brasil: Kia (Gandini), Hyundai (Garavelo), a japonesa Mazda (importada pela Mesbla), Subaru (grupo Vicunha-Rabinovich), Renault (Grupo Kasinski, que representava a Renault no Uruguai), Asia (representada pelo brasileiro Washington Armênio e pelo sulcoreano Johnny Son), Renault França (Grupo Caoa), Peugeot (Thierry Peugeot), Ferrari, Rolls-Royce e Bentley (Via Reggio, Grupo Regino), Audi (Senna Import), Suzuki (Grupo Souza Ramos) e Daewoo (Grupo Verdi).

Como o grupo tinha muita agilidade, em pouquíssimo tempo o mercado, que só conhecia os nomes Chevrolet, Volks, Fiat e Ford, tinha à sua escolha 21 marcas de carros importados das mais diversas origens e preços, sem contar os importados pelas grandes montadoras, como a sueca SAAB, Mercedez-Benz, Volvo, Toyota e Honda.

Considero essa transformação do mercado como um dos meus legados: enfrentar os caciques da indústria automobilística, que talvez por vaidade (ou seria egoísmo ou ganância ou, quem sabe, uma certa dose de conformação? Eu não consigo entender o motivo) impediam que o mundo conhecesse o potencial brasileiro em termos de veículos *premium* e populares. Para se ter uma ideia, a Associação Nacional dos Fabricantes de Veículos Automotores (Anfavea) proibiu os importadores de participar do Salão do Automóvel de 1990. Se hoje temos inúmeras marcas internacionais fabricando seus carros no Brasil com alta tecnologia, igual à do exterior, acredito que tenho uma importante participação nesse processo e na industrialização do país.

Com a experiência de sermos os primeiros a importar veículos, vinham até nós as fábricas internacionais para se informar sobre como era a importação, quais eram os impostos e tudo que seria útil saber antes de começar a empreitada. Eu nunca neguei informação a ninguém, sempre fui transparente e sincero. Uma dessas visitas foi do pessoal da Suzuki Japão. Eles vieram para São Paulo, e no encontro respondi a tudo que queriam saber. O que eu não sabia era que a GM era proprietária de 10% do capital de duas empresas japonesas, a Suzuki e a Isuzu.

Em setembro de 1990, surfando na onda das importações, a GM, como de costume, programou uma viagem com todos os concessionários para o Japão, a fim de conhecer as fábricas da Suzuki e da Isuzu, nas quais ela tinha participação societária.

E lá fomos nós para o outro lado do planeta. Quando estávamos saindo da visita à fábrica da Suzuki, ocupando vários ônibus, coube a mim um lugar no ônibus em que estava toda a diretoria da GM e da Associação Brasileira de Concessionários Chevrolet (Abrac). Antes de começar a viagem de volta, um funcionário da Suzuki entrou no ônibus e perguntou "se o senhor Reginaldo Regino estava naquele veículo". Apresentei-me e fiquei sabendo que a diretoria da Suzuki queria que eu fosse jantar com eles, enquanto os outros voltariam para o hotel. Não é difícil imaginar a confusão que aconteceu dentro do veículo. O vice-presidente da Chevrolet ficou furioso, falava em voz alta para o presidente da Abrac que iria tirar a concessionária dos Reginos. Todos os diretores estavam indignados. "Por que ele?" E eu, que não sabia de nada, fiquei vermelho de vergonha e desci do ônibus. Soube depois que meus companheiros aplacaram os ânimos, confirmando que eu não sabia de nada e que o erro não era meu, e sim da falta de tato do pessoal da Suzuki.

* * *

Entre o final de 1990 e começo de 1991, a BMW lançou seu maior sucesso de vendas até hoje, a série 3 nova, com carroceria E36, que, segundo a revista *Quatro Rodas*, mudou o conceito de carro de luxo. Era um automóvel maior do que o E30 (que tinha ficado antigo), lindo, feito por um *designer* alemão da própria BMW, um verdadeiro espetáculo, supermoderno, que imediatamente caiu no gosto dos amantes de BMW e de outros carros do mundo inteiro. Quando nós vimos o E36, soubemos, imediatamente, que seria sucesso. Era unanimidade.

Como tínhamos muita agilidade para resolver o que quer que fosse, decidimos convencer a BMW a lançar o E36 no Brasil antes de qualquer outro lugar do mundo, até mesmo dos Estados Unidos. Nosso argumento era o grande volume de vendas que os carros teriam no Brasil. Como eles viram o trabalho que vínhamos fazendo, concordaram com o nosso pedido. E realmente nós fizemos um lançamento impecável.

A BMW conseguiu dois carros muito rapidamente, e nós fizemos a importação. Ao mesmo tempo, estávamos construindo, em um terreno nos Jardins, onde tinha sido a Deck, uma loja supermoderna, superbonita, seguindo todos os padrões BMW. *Brandbook* é um documento de utilização da marca num sentido mais abrangente, não apenas da logomarca. O *brandbook* da BMW era espetacular, com as cores, símbolos, tipo de piso a ser utilizado, como fazer a disposição dos carros (eles tinham que ficar paralelos à rua, ninguém poderia ver da rua dois símbolos da BMW ao mesmo tempo); a empresa tinha um cuidado especial com sua logomarca. Até o tipo de plantas usado no local era predefinido.

Trouxemos os dois carros e, com o Banco de Eventos, organizamos o lançamento dos carros na loja e aproveitamos para inaugurar outra loja nos Jardins, com coquetel para clientes e imprensa e um pequeno concerto de música clássica, com a regência do maestro Diogo Pacheco, muito elegante na apresentação.

Foi um grande acontecimento – o carro foi um sucesso, a loja foi um sucesso, a festa foi um sucesso, todo o mundo queria comprar o modelo, queria levar o carro; as resenhas dos jornais foram muito boas (inclusive a matéria da *Quatro Rodas,* que explica muito bem como era o novo BMW, série 3, plataforma E36).

O E36, mesmo sendo na época da linha de entrada da BMW, era um carro supercompleto, vinha com banco elétrico e de couro, airbag, som de última geração, porta-malas bem grande, câmbio com três modalidades de direção: esporte, conforto e normal. Era um carro bem acima do nível de qualquer veículo brasileiro e perfeito para concorrer com o Mercedes-Benz. O modelo que importamos era de 6 cilindros, 2.5, de 192hp, e a dirigibilidade dele, característica da BMW, era excelente. Era um automóvel bárbaro. Acredito que, de todos os carros lançados em todos os tempos, esse novo E36 foi o de maior sucesso e de maior aceitação do público. Depois desse lançamento, a disputa comercial passou a ficar mais acirrada.

Tudo tinha dado certo: tínhamos resolvido o problema das cartas de crédito, o marketing estava indo muito bem – inclusive o Washington Olivetto tinha conquistado o Leão de Bronze, no Festival de Cannes, com um anúncio feito para a BMW Brasil, na categoria Serviços. No filme, o logotipo da marca girava, girava e ficava quadrado. A matriz alemã ficou feliz com o prêmio, mas não com a ousadia com o logotipo deles. O filme indicava que, se você consertasse o seu BMW fora das oficinas autorizadas – a Regino e a Deck, no caso –, poderia ter problemas com o carro.

Com o lançamento do E36 325i, a nova loja nos Jardins e o prêmio de Cannes, as coisas começaram realmente a mudar. A fila de potenciais compradores querendo o carro era grande, e era preciso esperar noventa dias (como já mencionei, entre pedido, entrar na fila, fabricar o carro, transportar o carro de Munique para Hamburgo, pôr o carro no navio, mais vinte dias para chegar e desembaraçar...), antes disso era quase impossível contar com o automóvel. Trazíamos carros para nós, trazíamos encomendas para os concessionários clientes. Eram muitos pedidos, vindos de todos os lugares, e as vendas eram boas da série 5, do 535i, da série 7 e da série 8. Em 1991, a BMW começou a se posicionar no mercado brasileiro.

Após a tempestade de 1990, veio a bonança nos anos seguintes. E continuamos empreendendo e trazendo novidades a todo o momento. No começo, além do lançamento e do sucesso do BMW 325i, fomos nomeados importadores oficiais da BMW Motorrad, a divisão das desejadas motos BMW, que também fizeram muito sucesso.

Continuamos com as ações de marketing, sempre inovando na parte de eventos. Com o Banco de Eventos, em julho de 1992 montamos o primeiro estande na rua, em plena temporada de inverno de Campos do Jordão. Já tínhamos uma boa quantidade de BMWs circulando, e, para chamar a atenção dos proprietários, oferecíamos lavagens grátis para os BMWs.

Pouco tempo antes, como tínhamos sido proibidos de participar do Salão do Automóvel, queríamos fazer bonito na Transpo, uma feira de transporte e mobilidade promovida pela Guazzelli & Associados, que pela primeira vez abria as portas para os automóveis. O aviso veio em cima da hora e não tínhamos nem um carro de impacto para apresentar, mas achamos que seria importante participar, uma vez que a Mercedes-Benz iria apresentar suas novidades. Resolvemos, então, pedir um 850i na BMW que teve desistência de compra. Depois de um tempo veio a resposta: alguém tinha desistido de um verde com interior caramelo. Imaginei que seria um verde-escuro, elegante, mas era um verde mais claro. Difícil de vender, eu pensei, e, se não conseguíssemos nacionalizar o automóvel, rapidamente ficaríamos sem carro para expor na Transpo. Resolvemos trazer o automóvel mesmo assim, de avião, devido ao pouco tempo que tínhamos. O carro chegou na véspera do evento, o único que tínhamos para expor, e por causa da cor provavelmente não conseguiríamos vender; se não conseguíssemos nacionalizar o automóvel, teríamos de ficar com ele. Mas Deus escreve certo por linhas tortas. Enquanto o carro estava sendo transportado de Guarulhos para o Anhembi, um senhor apaixonou-se pelo automóvel. Seguiu o caminhão até o pavilhão de exposições, estacionou atrás, dizendo que ninguém mexesse no carro que ele iria comprar. Fizemos um acordo com o cliente, pedindo-lhe que nos deixasse expor o carro na Feira. Ninguém tocaria no carro. Ele ficou lá exposto, e um vídeo mostrava todas as qualidades da máquina. Quando a Transpo terminou, entregamos o carro intacto para o feliz proprietário, sem ninguém ter entrado nele.

Os próximos anos prometiam um grande avanço. A consolidação da Regino Import e a importação de veículos BMW eram favas contadas. O que tínhamos feito em termos de divulgação da marca, marketing, treinamento, nomeação de concessionárias, investimentos em equipamentos de diagnóstico e estoque de peças conquistou a admiração da BMW, que confiava plenamente na nossa atuação.

Apesar de todo o alarde e tendo a importação praticamente começado no segundo semestre de 1990, conseguimos vender 21 veículos. A primeira providência foi começar a nomear concessionárias pelo Brasil, e era urgente ter uma concessionária em Brasília, pensando no mercado de diplomatas, tanto para assistência técnica quanto para venda de veículos. Resolvemos montar uma filial da Deck, já que não tínhamos ideia de quanto tempo levaria para prospectar concessionárias ou se a abertura das importações continuaria a todo o vapor. A inauguração da Deck Brasília teve uma bela festa, com a presença de VIPs, políticos e o melhor da sociedade local, além de algumas personalidades, como Chiquinho Scarpa e a jogadora de basquete Hortência, então casada com José Victor Oliva. A festa foi comandada pela modelo, bailarina e apresentadora do *Fantástico*, da Globo, Dóris Giesse. Não seria uma operação lucrativa, mas necessária para nossa estratégia.

Naquele momento percebemos a grande importância do marketing certo e da aceitação da BMW, que estava por trás da venda de 64 carros feita pela concessionária de Brasília, gerenciada pelo Fernando Portela, que vendia os carros pessoalmente. Nunca a BMW tinha vendido tantos carros para diplomatas. Acreditávamos que, com o lançamento do BMW 325i e a queda da alíquota de importação, as vendas iriam crescer e teríamos, nos anos seguintes, que preparar a Regino Import para esse crescimento.

O passo seguinte seria nomear outras concessionárias pelo Brasil, tarefa bastante árdua, uma vez que havia muitos candidatos e a escolha era difícil, pois quem não era nomeado ficava descontente, plantava informações falsas, falava mal, fora o fato de que não poderíamos nomear todos. A BMW jamais interferiu na nomeação dos concessionários escolhidos por nós. A operação era no Brasil, nós éramos os responsáveis, e ela e sua diretoria tinham total confiança em nós e na Regino Import. Nossa parceria era perfeita, com muita dedicação e trabalho tanto da BMW quanto da Regino Import. Uma relação de confiança e com resultados gratificantes. Foi no começo de 1991 que nomeamos os três primeiros concessionários: Curitiba, Belo Horizonte e Rio de Janeiro.

Nosso marketing continuava agressivo, dentro do nosso nicho de mercado, com eventos em exposições de cavalos árabes, campeonatos de polo a cavalo, feiras (*free shops*) de produtos importados, torneios de tênis, golfe e qualquer outro que interessasse ao nosso público. Ao mesmo tempo, não descuidamos dos treinamentos, tanto em vendas quanto técnicos. Trouxemos dos Estados Unidos o inglês Mike Hubble para um *workshop*, para todos os importadores da América Latina, com o objetivo de falar de venda de automóveis BMW. Foi no Casa Grande Hotel, no Guarujá, litoral de São Paulo e reduto de bacanas. Não é preciso dizer que o evento foi um sucesso, e foi novidade a maneira de vender carros para o mercado de alto luxo, que, sem dúvida, os vendedores brasileiros ainda não conheciam. É totalmente diferente a venda de carros de alto volume da venda de carros *premium* ou de baixo volume e preços altos. O tema do *workshop* era justamente esse: como vender carros *premium*, como abordar clientes de alta renda e cultura internacional. Vale lembrar que, na época, o mundo ainda não estava globalizado, não existia internet, o Brasil era um país fechado e poucas pessoas viajavam para o exterior.

Uma curiosidade

Mike Hubble não entendia como nós conseguíamos fazer o emplacamento de quase todos os veículos de São Paulo – que na época já tinham as três letras e quatro números. Ele se encantou com o fato de que possibilitávamos que os clientes escolhessem as três letras (BMW, por exemplo) e, em alguns casos, os quatro números. Trouxemos da Alemanha Jean-Claude Chuvet, que ministrou cursos de análise de diagnóstico, mecânica, elétrica e eletromecânica de veículos BMW, que contaram com a participação de trinta técnicos brasileiros. O sucesso alavancou a qualidade e a fama de nossas oficinas.

Nessa época, as montadoras, especialmente a Fiat e a GM, começaram a importar carros *premium* de suas fábricas ou concessionárias. A Fiat trouxe o Alfa Romeo 164, e a GM, o Saab Turbo 900. A ideia da GM era montar uma rede de concessionárias exclusivamente para a Saab e tratar os Saabs como carros *premium*. Para tanto, nomeou uma concessionária Chevrolet para ser concessionária Saab nos Jardins, bairro nobre de São Paulo. E, na nossa esteira, fizeram uma festa no Jockey Club de São Paulo em que o único concessionário convidado fui eu, mas, quando a diretoria da GM soube, me desconvidou (o convite partiu do Banco de Eventos, que tinha organizado a festa). Não preciso nem dizer que a aventura Saab da GM foi um fiasco, por três motivos: o primeiro, como nenhum dos trezentos concessionários tinha sido convidado, eles próprios "queimaram" a venda dos carros; o segundo, é muito difícil para um concessionário de massa passar a vender um veículo *premium*; e o terceiro, o carro não era bom mesmo.

Com esse nosso trabalho, em 1991 vendemos 180 BMWs, quase a mesma quantidade de carros que a Regino Veículos vendia por mês de Chevrolet. O que era um feito para uma marca ainda pouco conhecida e muito cara, além das altas taxas de importação. Elas haviam sido reduzidas para 60%, mas mesmo assim eram altas. Eu costumava viajar para a Alemanha a cada três ou quatro meses, para conhecer lançamentos de veículos, assistir a cursos e acertar detalhes operacionais e pedidos com a BMW, que sempre foi muito acessível, cordata, sincera, transparente e aberta. Era firme, porém justa nas negociações e muito leal. Se qualquer pessoa fosse procurar a BMW em Munique para tratar de qualquer assunto sobre a empresa no Brasil, como nomeação de concessionárias, fornecimento de serviços, patrocínios, problemas técnicos, marketing, pedido de emprego, a BMW nos consultava antes, queria saber nossa posição, e sempre nos deixava resolver. Não se intrometia em nada que se referia ao Brasil e deixava claro que nós éramos a BMW no Brasil. A parceria perfeita.

O ano de 1991 foi muito gratificante para a Regino Import, especialmente para mim, que queria encerrar o ano com chave de ouro. Ayrton Senna chega ao país trazendo a taça de tricampeão mundial da Fórmula 1 (1988, 1990, 1991). Senna pousou em São Paulo acompanhado de aviões de caça da Força Aérea Brasileira (FAB), foi recepcionado com toda a pompa, como merecia um campeão, no Aeroporto de Guarulhos, e seguiria desfilando pelas ruas de São Paulo. Quando soubemos da chegada do ídolo, mandamos nosso motorista segurança para o aeroporto oferecer um de nossos carros para o piloto desfilar. Quando ele saiu do aeroporto, meu BMW 750i estava estacionado em um lugar estratégico. Foi nesse momento que nosso motorista segurança abordou Senna e sugeriu que ele desfilasse dentro do carro, em pé, meio corpo para fora do teto solar, para que pudesse ser visto. Ayrton Senna aceitou na hora. E o tricampeão desfilou pelas ruas de São Paulo em um BMW 750i cinza, que era meu carro de uso de todo dia. Que honra!

* * *

Com o crescimento das vendas, começamos a ter estratégias de qual produto importar, pois tínhamos que ter os carros certos, os que os nossos clientes queriam. A característica mais importante era que o carro tivesse quatro portas e fosse automático. Nessa época, os carros fabricados no Brasil eram, na maioria, carros com transmissão mecânica e duas portas, tanto é que até a perua Opala tinha duas portas.

Como bem dizia o então presidente Fernando Collor, os carros brasileiros eram carroças, que faziam com que os carros de quatro portas fizessem barulho, fossem inseguros, já que não tinham as travas para que pudessem ser abertas internamente, e isso gerava a preocupação de como as portas abririam em caso de colisão. O brasileiro tinha preconceito com carros de quatro portas.

A cor também era muito importante, então só importávamos as cores que os clientes compravam na época, que eram o preto (mais de 70%), prata e cinza, todos com interior de couro preto (mesmo que outras cores e o estofamento caramelo fossem muito elegantes). De vez em quando trazíamos outras cores de carros e de interiores para testar o mercado, e era sempre uma dificuldade para vender. Inclusive os alemães da BMW não entendiam por que só encomendávamos três cores de carros, quando a gama de cores era enorme. Eles achavam que deveríamos trazer mais carros brancos e cores mais claras, especialmente por causa do clima do Brasil. No caso dos carros brancos, explicamos para os alemães que, em 1991, tinha saído um decreto da Prefeitura de São Paulo obrigando todos os táxis, dentro de um período de cinco anos, a terem cor branca, e, como já havia muitos rodando pela cidade, ninguém que tivesse um BMW queria ser confundido com um táxi.

Como era uma compra de alto valor, tanto nós como os clientes também estávamos preocupados com o valor e a facilidade de revenda do carro, e para isso essas três cores, por serem mais conservadoras, eram mais fáceis de revender. Nós sabíamos que um dia esse carro, quando da compra de um novo BMW, voltaria para nós e perderia seu valor de revenda, prejudicando também a nova compra pelo cliente. Outro item que o brasileiro considera importante é o tipo da roda, o que realmente faz muita diferença no estilo do carro.

Rodas podem ser comparadas com sapatos. O sapato traduz a personalidade de quem o calça. Um bom sapato, feito com bom couro, bem-cuidado, elegante, mostra quem é aquele homem (ou mulher). O mesmo acontece com as rodas dos carros para os aficionados.

Outro fator interessante que percebemos era que, quando um cliente entrava na loja e via diversos carros, com várias cores e rodas diferentes, ficava na dúvida sobre qual iria comprar, especialmente os clientes que compravam por impulso. E pediam coisas como "quero este carro com aquela roda". Se o carro já estivesse vendido, era um problema sem solução, e chegávamos a perder vendas. Outro motivo para perda de venda era quando o cliente entrava na loja, via dois carros idênticos, mas com rodas diferentes, e saía indeciso sobre qual comprar ou dizia: "Vou trazer minha esposa". Sabíamos que era uma compra por impulso, portanto uma venda perdida. Por esses motivos, trazíamos os veículos para estoque nosso e de concessionárias todos com estofamento de couro preto e com rodas e equipamentos todos iguais, só variando a cor externa do carro.

Trazíamos também carros por encomenda, do jeito que o cliente queria, mas o prazo de entrega era outro, mais longo, e a possibilidade de erro no pedido era grande, então, quando o carro chegava, era um problema. Aconteceu só duas ou três vezes, mas gerava decepção para o cliente e para nós.

* * *

Chegou 1992, nós estávamos vendendo mais do que nunca, a marca estava consolidada – graças aos carros, claro, e ao nosso tripé de apoio formado pelo Banco de Eventos, pela W/Brasil e pela CDN, com a ajuda de nossa equipe interna de marketing, coordenada por um jovem de 22 anos, Ricardo Cotrim Rodriguez, cheio de ideias. No final do ano anterior, o piloto Ingo Hoffmann, patrocinado por nós na Stock Car, nos sondou sobre a possibilidade de correr com os BMWs a Mil Milhas de Interlagos. A proposta era a junção da sofisticação e do desempenho na categoria Turismo. Achamos a ideia interessante e ficamos com ela na cabeça.

Prova de resistência e velocidade

A Mil Milhas é uma prova automobilística de longa duração, que chegou ao Brasil em 1956, pelas mãos de Wilson Fittipaldi, piloto, empresário e radialista, pai dos também pilotos Wilson e Emerson (este último duas vezes campeão mundial de Fórmula 1). O principal objetivo da prova é demonstrar a qualidade dos produtos automotivos fabricados no país, além de servir como campo de testes. A prova acontece no autódromo de Interlagos, hoje chamado José Carlos Pace.

A BMW entrou na pista de Interlagos em 1992, e foi um marco para a montadora alemã. Havia um interesse cada vez maior dos jovens aficionados e entusiastas por carros, que nunca haviam tido a oportunidade de conhecer os supercarros. E estavam loucos para ver o BMW na pista. Eram esses jovens que faziam, espontaneamente, o boca a boca sobre o universo automobilístico, as provas, os pilotos, e até a Fórmula 1, com os brasileiros Ayrton Senna e Nelson Piquet conquistando prêmios importantes. Impossível esquecer que os dois, Senna e Piquet, foram tricampeões. O Brasil despertava para o automobilismo, e essa nova paixão deu grande visibilidade para as marcas importadas, especialmente para a BMW, que se tornou a marca de desejo.

Ingo Hoffmann, piloto de primeira qualidade, que pulou da Fórmula 2 para a Fórmula 1 com uma rapidez espantosa, foi biografado por Tiago

Mendonça com maestria no livro *Ingo*, de 2014, que conta a trajetória desse grande nome do automobilismo brasileiro, principalmente na Stock Car, e os bastidores desse universo de *glamour*, fofocas, competição e muita competência. Ingo já tinha sido piloto da BMW nos anos 1970, conhecia bem a escuderia e a diretoria, e era nosso amigo na Regino Import. Ele e o autor nos autorizaram a usar trechos do capítulo *Inferno Verde*, em que conta sua aventura com a BMW nas Mil Milhas.

[...] "Claus Heitkotter, piloto brasileiro de origem alemã, mesmo sem conhecer Ingo Hoffmann, conseguiu seu telefone e ligou para ele no final de 1991, dizendo que estava pensando trazer duas BMWs M3 – aquelas da equipe Bychl Euroracing – para as Mil Milhas Brasileiras, prova marcada para janeiro de 1992. Claus queria que o maior campeão da Stock Car fosse um dos pilotos. Ingo ficou interessado e aceitou conversar. [...] Ele tinha excelente trânsito com a Regino Import, representante BMW no Brasil, e usaria seu nome como ponte para possíveis patrocinadores no Brasil, enquanto Claus cuidava dos contatos no exterior.

Ambos encheram o carro de marcas fortes como Sacks, Mobil, Deck, Rodão [...] o problema era que os carros que vieram não eram nada do prometido, carros DTM (o campeonato alemão de turismo), e quando desembarcaram eram próximos aos modelos de rua, sem nenhuma preparação para uma prova. A imprensa alardeava que a BMW era a favorita. [...] O motor de Ingo voou pelos ares, e ele largou numa modesta 17ª posição, num carro dois segundos mais lento que o de Claus."

E, diziam os donos da equipe, que a culpa era da gasolina brasileira misturada a uma quantidade de álcool muito maior do que a recomendada para esses motores. E o técnico responsável pelos carros chegou a dizer que se não encontrássemos gasolina especial os carros não iriam largar. "Você está louco? Como os carros não vão andar? Tem o meu nome na parada!", falou Ingo, furioso. O técnico manteve-se firme. E Ingo saiu atrás de uma solução. Dirigiu até a Regino Veículos e contou a história para os parceiros. O chefe da oficina ouviu parte do papo e interrompeu dizendo: "É gasolina sem álcool que vocês precisam? Tranquilo, dá pra fazer aqui". [...] Dentro da oficina havia um tambor transparente com 200 litros de combustível. O chefe abriu a torneira, pegou uns galões e esvaziou parte do tambor. Esse espaço liberado ele completou com água, para surpresa geral. "Agora vocês vão ver o que vai acontecer."

[...] Era mágica. Algumas horas depois a gasolina estava limpa. Ingo foi contar para os alemães, e a Regino Import ficou de mandar a gasolina para a pista [...] Havia outro problema: como arrumar um motor para substituir o do carro que tinha explodido? A Regino Import ligou para André Biagi, nosso concessionário em Ribeirão Preto, que era proprietário de uma BMW M3, e a proposta era que ele emprestasse o carro, o motor seria retirado e outro colocado no lugar, disputaria as Mil Milhas, e a Regino Import se comprometia a entregar o carro com um motor novo. André Biagi topou na hora. As duas BMWs M3 fizeram bonito na pista nas Mil Milhas de 1992, só que o modelo pilotado por Ingo teve um problema de superaquecimento, enquanto estava em segundo lugar. Já Claus teve sucesso com seu BMW que pilotava, com o motor de carro do André, e venceu as Mil Milhas de 1992, em 26 de janeiro, dia de seu aniversário. Os carros foram embarcados de volta para a Europa. Ufa! Anos mais tarde Ingo encontrou o tal técnico por acaso, conversaram, e o técnico contou que quando tiraram a gasolina do carro, tinha um pouco de água nela...

Bastidores: [...] Milos Bychl, dono da Bychl Euroracing, acompanhava todas as provas das Mil Milhas pelo mundo. Quando chegou ao Brasil, tinha quebrado a perna em um acidente em Spa-Francorchamps, na Bélgica, e vinha de muletas acompanhar a prova, e estava com muita dificuldade para se locomover. No dia seguinte à chegada, a equipe toda tcheca estava em polvorosa. Ingo, disposto a ajudar, foi ver o que tinha acontecido. Milos tinha ido ao banheiro sem as muletas, e quando tentou se levantar, apoiou-se na pia, que se soltou, ele caiu sobre o vaso, que se quebrou, cortou o traseiro inteiro e fez um talho fundo na mão. Ingo disse que levaria o piloto ao melhor hospital do Brasil. Mesmo sem muita confiança, foram para o Hospital Israelita Albert Einstein. Os médicos fizeram um trabalho impecável, confirmado por um especialista europeu."

A parceria Regino Import e Ingo Hoffmann rendeu mais duas provas das Mil Milhas, com Ingo à frente das tratativas com a BMW. A primeira, pilotando uma BMW 325i, quase deu certo, mas quando estava na liderança o câmbio quebrou. A vitória ficaria para 1994. Tudo acertado, Ingo informou à Regino Import de que levaria uma equipe independente, quando veio a surpresa: [...] Nelson Piquet, tricampeão mundial de Fórmula 1, correndo por fora, convenceu a BMW a mandar uma supermáquina para o Brasil, o M3GTR, para ele disputar as Mil Milhas de Interlagos. Ingo chegou a experimentar a supermáquina, fez um aquecimento fantástico, deixou a equipe de boca aberta e ficou como terceiro piloto. Infelizmente ficaram em quarto lugar. A BMW manteve a equipe oficial para 1995, e mais uma vez não foi campeã. Dessa vez o adversário foi o calor, que dentro do cockpit era de 60 graus. Mesmo não tendo vencido nenhuma Mil Milhas com a BMW, Ingo Hoffmann ministrava cursos de direção defensiva para a BMW e foi convidado pela empresa alemã para correr regularmente na Europa. Não aceitou.

* * *

Nesse começo de 1992, estávamos vendendo de 20 a 30 carros por mês, com tendência de aumento, e a marca se fortalecendo, com abertura de novas concessionárias em Campinas, Recife e Ribeirão Preto. Estava na hora de mudar a Regino Import e a Deck da Rua Funchal para um lugar mais amplo. Achamos um prédio na Rua Fidêncio Ramos (onde hoje está o Shopping Vila Olímpia), com 7 mil metros quadrados de terreno, totalmente construído. Parecia grande na época, mas tínhamos certeza de que iríamos crescer, e para isso era preciso ter infraestrutura de peças, serviços, área para inspeção e PDI (Pre Delivery Inspection ou inspeção pré-entrega) para os clientes e as concessionárias. Dividimos o prédio em duas áreas – metade para a Regino Import, metade para a Deck. E nos mudamos: "A casa da BMW no Brasil". Na parte que a Regino Import ocupava, além do PDI, ficavam o Departamento de Importação e o de Serviços e Peças, com um bom estoque de peças, que era crucial e estratégico para o negócio, além dos departamentos Administrativo, Recursos Humanos e Financeiro e as diretorias.

A maior dificuldade era o departamento de peças, que exigia um investimento altíssimo em estoque. O problema era que, com o tempo, as peças poderiam ficar obsoletas, especialmente quando os modelos dos carros saíssem de linha (coisa que acontece até hoje com os importados). Não tínhamos nenhuma ideia de que peças encomendar, quais seriam as peças que teriam mais uso, especialmente as de funilaria, estofamento e tapeçaria, pois não tínhamos um histórico para consultar, estávamos todos começando. Se adquiríssemos mais peças do que o necessário ou o modelo errado, estaríamos jogando dinheiro fora. Se não comprássemos as peças certas, e o carro do cliente precisasse de uma peça que não tínhamos, seriam meses de espera até que ela viesse da Alemanha, e o carro ficaria parado, pois não havia logística para que a peça chegasse rapidamente.

Nossas estratégias estavam dando certo, as vendas crescendo e o *awareness* da marca BMW aumentando muito. Os outros negócios do grupo também estavam indo bem, meu pai estava feliz com nosso sucesso, continuava tocando a revenda Brahma em Itapecerica da Serra e não queria saber de concessionárias nem de importadora, apesar de passar lá todos os dias para bater um papo, dar conselhos e encontrar amigos. Tinha um grande orgulho do que nós havíamos conseguido em tão pouco tempo.

No começo do segundo semestre, tivemos a notícia de que meu pai havia sido diagnosticado com policitemia vera, uma doença rara do sangue.

A partir dessa descoberta, ele começou a ter problemas de saúde, entrando e saindo do hospital. Para nós era um sofrimento ver o nosso pai, uma pessoa alegre, alto-astral, carismática e muito carinhosa com a família, passando por uma fase tão difícil. Em setembro ele teve complicações da doença. Na metade de outubro, quando estava na UTI, mas ainda lúcido, ele me chamou para conversar, pediu um abraço e, quando me abraçou, disse: "Humm, que cheiro de cigarro (na época eu ainda fumava), larga isso" e logo emendou: "A coisa aqui não está boa, cuida da sua mãe e dos seus irmãos" e me deu um beijo. Ele faleceu, com somente 63 anos, no dia 24 de outubro, um dia depois do aniversário do meu irmão e três dias antes de eu completar 41 anos. Foi um baque que me atingiu fortemente, ainda que naquele momento não parecesse. Conforme o tempo foi passando, eu sentia cada vez mais a falta do meu pai, dos seus conselhos, tanto nas atitudes perante os negócios como na força que ele me dava nas resoluções de problemas e nas decisões. O apoio dele era sempre incondicional, mesmo quando me alertava dos riscos.

Conforme as vendas da BMW começaram a aumentar, o cuidado com o negócio aumentava, a exposição pública aumentava e a responsabilidade financeira também. Quanto mais ficávamos em evidência, maior eram os cuidados que tínhamos que tomar com boatos e tentativas de puxadas de tapete.

Como a de uma grande indústria de autopeças e estamparia, que procurou a BMW na Alemanha, dizendo que queria fabricar os carros no Brasil, no começo como CKD em Manaus (o carro seria montado lá), e depois montar uma fábrica. Tanto nós quanto o pessoal de nosso relacionamento dentro da BMW sabíamos que era um plano inviável e cheio de segundas intenções. Mesmo assim, a BMW queria escutar o plano – e, como sempre ocorria, com a nossa participação, afinal nós éramos a BMW no Brasil. Fui me aconselhar com consultores do mercado automobilístico de fabricação, e apresentei o plano da tal indústria. Após várias reuniões com o consultor explicando qual era o plano, ele me alertou sobre onde estavam as falhas do planejamento, e por que o negócio era inviável. Com isso bem entendido, comecei a contestar a indústria durante as reuniões, e após um tempo a BMW informou à tal indústria que não iria seguir com o plano. Para mim foi uma vitória, pois sabia que a intenção deles não era das melhores.

Muitas empresas, grupos ou pessoas, por meio de influência no alto escalão da BMW, tentaram ser nomeados concessionários, agências de marketing e propaganda, oficinas autorizadas ou mesmo importadores para o Brasil todo, em nosso lugar ou em partes do Brasil, dividindo o país entre outros importadores, ou mesmo importar carros direto da BMW. Apesar das inúmeras tentativas, a BMW nunca deu ouvidos, sempre respeitou o nosso contrato, e nos relatava o que os "candidatos" tinham pedido e qual era a intenção deles. A lealdade e a honestidade da BMW eram admiráveis. A nossa lealdade e honestidade para com eles também era total, cada lado com suas posições, em negociações duras, mas sempre levando em consideração a posição do parceiro.

Tínhamos aprendido isso com meu pai, que, apesar de não ser dono das marcas que distribuía (Skol, Brahma, Pepsi-Cola, água Minalba, Chevrolet e muitas outras), sempre lutou por elas como se fossem suas. Lembro-me dele indo a restaurantes, pedindo uma cerveja ou um refrigerante, e, se o garçom trouxesse a bebida de uma marca concorrente, meu pai o chamava de lado, dava uma boa gorjeta e pedia que fosse comprar, no estabelecimento mais próximo, uma das marcas que ele distribuía, pois jamais admitia consumir um produto de uma concorrente.

* * *

Em 1993, já estávamos com 15 concessionárias no Brasil e uma venda média de 160 BMWs por mês. Nada mal. O Imposto de Importação, conforme lei publicada, teve queda de 50% para 35% em julho desse ano. Tínhamos que nos preparar e estruturar para os próximos anos, que acreditávamos seriam de altos investimentos em pessoal, tecnologia, marketing e profissionalização da empresa.

A primeira necessidade que enxergamos era ter uma concessionária modelo, *taylor made*, para a BMW, que seguisse as exigências e normas da empresa alemã, muito cuidadosa com sua imagem. Ou seja, uma concessionária *flagship* para servir de modelo para futuras concessionárias. Encontramos o terreno perfeito na Avenida Juscelino Kubitschek, no Itaim, em São Paulo. Uma área de 3 mil metros quadrados, perfeita para o que idealizávamos – o único problema era que o dono não queria vender, e nós não tínhamos dinheiro para comprar. Depois de muita negociação, conseguimos alugar o terreno e começamos a construir a concessionária a toque de caixa, para ser inaugurada em oito meses, ou seja, no primeiro semestre de 1994.

Nesse meio-tempo, continuamos com a estruturação da empresa, as viagens para a Alemanha para conhecer os lançamentos, os novos modelos, como o M3 E36 – nomenclatura interna da marca para designar os modelos da série 3 feitos entre 1991 e 1999 –, a série 5 Touring (como a BMW chama as peruas), 325 Cabriolet (versão conversível) e a série 5 com motor 4.0 litros, o 540i. Para o lançamento do 325 Cabriolet, preparamos algo muito peculiar: um chá da tarde só para mulheres, na Fundação Maria Luisa e Oscar Americano, no Morumbi, em São Paulo, com Hebe Camargo como anfitriã, entrevistando as celebridades e conversando com as convidadas. Foi um sucesso. E, como sempre, teve grande repercussão na mídia. Foi uma ousadia para a época lançar um carro para mulheres!

A quantidade de trabalho era insana. Tudo parecia acontecer muito rápido. E ainda recebíamos, de tempos em tempos, a visita dos executivos alemães da BMW, diretores, o pessoal da área comercial, de serviços e peças e do administrativo. Entre tantos afazeres, um dia recebo um telefonema do senhor Piero Gancia, primeiro campeão brasileiro – em 1966 – e um dos fundadores da Confederação Brasileira de Automobilismo, além de ser o importador da Alfa Romeo e da Ferrari, entre os anos 1960 e 1980.

Seu Piero, como era conhecido e chamado por todos, queria marcar uma reunião, conversar comigo, sem adiantar o assunto. Aceitei e o convidei para o famoso almoço na Regino Import. O seu Piero era um *gentleman* na exata definição do termo. Ele queria me convidar para uma parceria na importação da Ferrari. Na época, ele era presidente e importador da Martini no Brasil e importador da Ferrari no país, nomeado pelo comendador Enzo Ferrari, e não tinha tempo nem estrutura para se dedicar à importação dos carros com assistência técnica, peças, concessionária e tudo o mais que a marca demandava.

A oferta era que a Regino Import fosse o importador da Ferrari, sendo que seu Piero continuaria como embaixador da marca no Brasil, fazendo todo o trabalho de relações públicas e nos ajudando no marketing. Melhor acordo que esse não poderia existir; era o sonho de todo importador ser representante da Ferrari, ainda mais tendo seu Piero como embaixador.

Tudo combinado, seu Piero marcou minha visita à Ferrari em Maranello, na Itália, para conversar com o presidente, na época o senhor

Luca di Montezemolo. Chegando ao escritório da marca do cavalinho, fiz a apresentação da Regino Import, mostrei nossa infraestrutura, vendas e filosofia. O departamento adorou, e logo queriam saber de quantos carros seria meu pedido inicial – foi de três carros, o que deixou os italianos abismados, e veio a pergunta que eu estava esperando: "Você acha que o Brasil tem mercado para tantos carros?" Contei a história dos BMWs 850 que tínhamos vendido e deixei claro que acreditava no potencial do Brasil e na paixão do brasileiro por automóveis e, claro, pela marca Ferrari. Em seguida, veio a pergunta do diretor comercial: "O que farão com os carros se não forem vendidos?" Respondi que estava pedindo justamente três carros porque, se não os vendêssemos, ficaríamos com eles para uso próprio. Na hora, o diretor comercial disse que teria uma reunião para resolver o assunto e que no dia seguinte me daria a resposta, mas antes queria me levar para conhecer a fábrica. Saímos andando por ela, que era maravilhosa. Na época, a fibra de carbono era novidade, e ele me mostrou um forno que produzia esse tipo de composto, um dos únicos do mundo em montadoras.

Depois de conhecer a fábrica inteira, não imaginava que teria uma das maiores experiências da minha vida. Sob um calor de mais de 30 graus, vestindo um terno, percebi que de tempos em tempos passava uma Ferrari a toda velocidade no pátio da fábrica. Perguntei ao diretor que me acompanhava o que estava acontecendo, e ele me explicou que eram os pilotos de teste, testando os carros que saíam da linha de produção.

Na mesma hora ele esticou o braço e um desses pilotos parou. O diretor abriu a porta da *macchina* e me perguntou se eu já tinha andado em uma Ferrari. Eu falei que não. Gentilmente, ele me convidou para entrar no carro – era uma 348 GTB, de carroceria cupê, com motor V-8 de 320 cv. Ele fechou a porta e ordenou ao piloto que acelerasse. Ele realmente acelerou, freando nas curvas do pátio da fábrica, e depois saiu para a rua, onde se comportou melhor, mas depois foi para a pista de testes, onde acelerou e freou como em uma corrida de verdade. Eu nunca suei tanto, por causa do calor e do nervoso de estar numa velocidade inimaginável. Saí do carro com o terno ensopado.

À noite, fui jantar com o pessoal da Ferrari em um restaurante em frente à fábrica, e, entre um prato e outro, os italianos marcaram uma reunião para o dia seguinte de manhã com o presidente Montezemolo.

Nessa reunião, ele mesmo me deu a notícia que quase fez meu coração parar: eu seria o importador da Ferrari, e seu Piero Gancia, o embaixador da Ferrari no Brasil.

Naquela tarde, o pessoal da Ferrari me levou para conhecer a Schedoni, a fabricante de artigos de couro que produzia as malas sob medida que equipavam as Ferraris. Além de lindas e bem-acabadas, eram feitas com o mesmo couro dos bancos dos carros. Depois da visita à fabrica, o senhor Schedoni me presenteou com uma maleta executiva e mandou gravar minhas iniciais nela. Enquanto gravavam as letras, ele quis me mostrar duas curiosidades. Subimos ao sótão do escritório, que era imenso, e vi a primeira curiosidade: dez barris de carvalho enfileirados em tamanho decrescente (aproximadamente 200 litros), do maior até o menor, de mais ou menos 15 litros.

Fiquei muito interessado, pois ele abriu o barril pequeno e, com uma pipeta, tirou um pouco de líquido espesso e pingou algumas gotas sobre um queijo parmesão que estava em um prato e me deu para experimentar. Uma delícia, era o *aceto* balsâmico de Módena, que ainda não conhecíamos no Brasil. O senhor Schedoni me explicou que essa era uma paixão dele. Todos os anos, na colheita da uva, ele passava o vinho dos barris maiores para os menores, com o vinho que não tinha evaporado, e enchia o barril maior com o vinho recém-preparado. Assim ele fazia todos os anos, até se passarem dez anos, e o *aceto* se formar no barril pequeno. Outra curiosidade era que, quando os filhos se casavam, ele os presenteava com uma garrafa com o *aceto*, para que a nova família começasse sua própria fabricação do produto. Dessa forma, quase todas as casas da cidade, em seu sótão, tinham uma fabricação de *aceto* balsâmico de Módena para consumo próprio.

O senhor Schedoni não parou de me surpreender: ele me levou para ver a capa de couro do banco de um carro de corrida chamuscada e me contou a história com o maior orgulho. Aquela era a capa do banco da Ferrari de Gerhard Berger, que, no Grande Prêmio de Fórmula 1 de San Marino de 1989, bateu na curva Tamburello e pegou fogo. O piloto saiu ileso, e o couro do banco, quase também. O *signore* Schedoni tinha muito orgulho de fabricar as capas dos bancos das Ferraris de Fórmula 1.

Voltei para o Brasil muito feliz e disposto a trabalhar firme na marca Ferrari, como havíamos feito com a BMW. Ao chegar, fui direto para a nossa loja da BMW, para pensar onde instalar a loja da Ferrari. Alugamos um armazém em frente à Regino Import, na Fidêncio Ramos, onde instalamos a oficina da nova marca. Abrimos a Via Reggio para ser a importadora da Ferrari, pertencente ao Grupo Regino, e os carros começaram a chegar no final de 1993, com uma aceitação que nem nós nem a Ferrari acreditávamos que aconteceria. O modelo que trouxemos no início foi o 348 GTS, um carro lindo e fantástico, com motor V-8 central de 320 cv. No semestre seguinte, vendemos dez carros.

Depois do sucesso das Ferraris, comecei a estudar quais outras marcas de alto luxo deveríamos pensar em importar, e logo me vieram à cabeça a Bentley e a Rolls-Royce, que na época eram da mesma companhia e fabricadas na mesma unidade, em Crewe, na Inglaterra. A Rolls-Royce Bentley estava passando por uma fase difícil, sem condições de desenvolver novos produtos e acompanhar a velocidade da indústria automobilística mundial, na mão de seu controlador, a Vickers, que tinha adquirido a companhia diretamente das mãos da Coroa Britânica, em 1980. Mesmo assim, resolvi arriscar, pois seria um complemento da nossa linha de produtos, e os carros poderiam ser comercializados dentro das concessionárias da BMW.

Descobri o nome do diretor comercial da Rolls-Royce Motor Cars, mandei um fax para ele descrevendo quem éramos, como atuávamos, números de vendas, como era nossa atuação no mercado automobilístico brasileiro, e mostrando meu interesse em ser o importador das marcas Rolls-Royce e Bentley no Brasil.

Logo ele me respondeu que o responsável era o escritório da Rolls-Royce Motor Cars, em Boca Raton, na Flórida, Estados Unidos. Imediatamente mandei um fax para o responsável na Flórida, mostrando meu interesse em ser o importador das marcas e oferecendo toda a nossa estrutura. Falei com um colombiano chamado Gustavo, que era responsável pelas vendas e concessionárias no sul dos Estados Unidos e para a América Latina. O senhor Gustavo se interessou pela proposta e me convidou para visitá-lo em Boca Raton, para discutirmos as condições do negócio e para que ele se inteirasse sobre as perspectivas de venda e o potencial do Brasil. Fui o mais rápido que pude me encontrar com ele e, depois de uma longa conversa, tendo apresentado a nossa estrutura e números, saí de lá nomeado importador da Rolls-Royce e da Bentley no Brasil.

Ninguém acreditava que iríamos vender esses carros no Brasil, mas, depois de conhecer os produtos, eu tinha certeza de que existia a possibilidade de vender alguns por ano no país, especialmente um modelo da Bentley que se chamava Bentley Brooklands, um carro bonito, com ótimo acabamento, bom motor e um preço um pouco acima do BMW 750iL. Colocamos os carros à venda junto com os da Ferrari, na loja da Via Reggio, nos Jardins, em São Paulo. Eu sabia que o mercado brasileiro poderia vender um Rolls-Royce por ano, e a Bentley tinha aquele carro espetacular, que conheci na visita à Rolls-Royce Motor Cars na Inglaterra, pouco depois de ser nomeado importador.

Assim que voltei de Boca Raton, recebi como cortesia um convite da Rolls-Royce Motors para um evento nas cidades de Londres e Crewe, com passagens de primeira classe para mim e para minha esposa, hotel cinco estrelas, refeições, traslados etc. O convite era para todos os importadores do mundo, além dos concessionários dos Estados Unidos. Em Londres, fomos conhecer o local onde ficavam os carros, carruagens e cavalos que na época eram usados pela rainha Elizabeth II e pelos membros da corte em suas aparições públicas e no dia a dia. Anexo a esse lugar havia um museu onde os veículos que não eram mais usados ficavam guardados.

Toda a viagem foi como um espetáculo, com pessoas do mundo inteiro, sheiks importadores para os países árabes, príncipes e VIPs que eram concessionários em Mônaco, Nova York e Beverly Hills. A programação era intensa, com palestras, almoços e jantares nos mais renomados restaurantes e hotéis de Londres. O ponto alto foi um jantar exclusivamente feito para os membros da comitiva da Rolls-Royce, no Museu de História Natural de Londres.

A próxima etapa seria conhecer a fábrica da Rolls-Royce e da Bentley em Crewe, cidade distante 270 quilômetros de Londres, numa viagem que levaria cerca de três horas e meia. Para conforto de seus convidados, a Rolls-Royce reservou um trem ultraluxuoso da linha Orient Express, com almoço a bordo – mais elegante, impossível. Chegando a Crewe, fomos conhecer a fábrica e seus artesãos, que faziam todo o acabamento de couro, e o departamento de personalização dos carros – um lugar inacreditável. Incrível também era o valor dado aos trabalhadores, todos com anos e anos de trabalho na fábrica. Inclusive um senhor que cuidava apenas da fabricação e instalação da estatueta que adorna o *grill* do radiador, a "Spirit of Ecstasy".

O melhor da viagem, porém, havia ficado para o final – a apresentação e o lançamento do Bentley Turbo R, um carro maravilhoso. Um sedã com desempenho de esportivo. Isso é uma característica da Bentley; diferentemente do Rolls-Royce, um carro para os mais conservadores e tradicionalistas, o Bentley era projetado para jovens ricos que gostavam de *performance*, conforto e luxo.

Depois da apresentação, fomos para a pista de teste experimentar os carros, o que foi sensacional, pois era uma pista com curva inclinada, que permitia velocidades incríveis e uma sensação única. Além de andar com o Turbo R e no Brooklands, ambos da Bentley, vivenciamos a experiência única de estar em um Rolls-Royce. Na pista, os carros eram dirigidos por pilotos de teste, mas eu tive a oportunidade de dirigir e testar todos os carros nas ruas de Crewe e no circuito fora do autódromo.

Nessa viagem, não encomendei nenhum carro e voltei para o Brasil pensando em quais modelos trazer e quem seriam os prováveis clientes. Queria também consultar nossa equipe de vendas sobre quais modelos importar, e chegamos à conclusão de que deveríamos importar um Rolls-Royce Silver Shadow, um Bentley Brooklands e um Bentley Turbo R.

Foram criadas novas empresas para importação de outras marcas, criando assim um grupo de empresas com essa finalidade.

O Grupo Regino era uma organização matricial – estrutura empresarial em que as equipes ficam sob a supervisão de vários líderes –, com as diretorias financeira, jurídica, técnica, administrativa e de assuntos corporativos, que se reportavam aos diretores operacionais de cada unidade de negócios, e três vice-presidências, tocadas por cada um dos três irmãos, Reginaldo, Tony e Paulo. Mas não era só. O grupo tinha outros projetos além dos automobilísticos: um agropecuário no Mato Grosso e uma empresa de turismo.

Com a redefinição do lema e o fechamento de quatro empresas que não agregavam valor para a rentabilidade, a organização foi reestruturada e centrada em cinco unidades de negócios. Com isso, o faturamento de 1994 foi de 250 milhões de dólares, com estimativa de quase dobrar no ano seguinte. Todo esse movimento levou a Regino a receber o certificado

ISO 9000 na área de serviços da marca BMW, a primeira no segmento de importação de veículos a obter tal certificação. Para alcançar esse feito, a empresa foi acompanhada por consultores especialistas em cada área de atuação, que certificaram a metodologia de trabalho, corrigindo rumos e aperfeiçoando determinadas ações.

A reestruturação aconteceu em função do tamanho que o grupo passou a ter, e a família decidiu criar a Treviso, uma prestadora de serviços para as outras empresas, para que elas pudessem se dedicar somente ao seu *core business*, com quatro diretorias, como uma espécie de terceirização dentro de casa, permitindo controle total e adequação da filosofia empresarial do grupo. A cargo da Treviso ficaram os serviços operacionais, desde a segurança até serviços administrativos.

Estudos especializados detectaram 173 funções diferentes e oito níveis hierárquicos, que foram reduzidos para 80 funções e três níveis hierárquicos, de diretor, gerente e supervisor. Com isso, o sistema de gestão piramidal passou a ser horizontalizado, agilizando a comunicação dentro da empresa. Esse movimento de reestruturação começou em 1993, com o nome de Movimento Regino 2004, cuja meta era adequar a empresa ao novo milênio, com seminários, capacitação de funcionários e dirigentes, reciclagem e captação de novos talentos. Oferecia também plano de carreira aos funcionários e faixas salariais. Transparência e integração totais para enfrentar os novos tempos e ajustar a empresa, que ainda funcionava nos moldes anteriores à abertura das importações.

* * *

A chegada dos carros das novas marcas foi muito comentada pela imprensa, tanto automobilística como social. A revista *Caras*, que estava sendo lançada naquela mesma época no Brasil, queria que fôssemos a capa da primeira edição, com uma reportagem completa. Achamos que seria muita exposição e gentilmente recusamos a proposta.

Como previmos, não foi difícil vender os carros – logo apareceram dois interessados no Rolls-Royce, um no Bentley Turbo R e um no Brooklands. Vendemos os três carros rapidamente. Inclusive vendemos o Turbo R para um cliente nosso que já tinha comprado uma Ferrari Testarossa.

Um fato interessante aconteceu com o Turbo R. Certa vez, quando o cliente saiu com o carro, ele deu uma batidinha na frente, amassando a grade do radiador, onde fica o símbolo das asas do Bentley. Foi uma coisa mínima. No dia seguinte à batida, ele foi até a concessionária muito chateado, disse que aquela batidinha o havia incomodado muito e que não queria mais o carro.

Explicamos que traríamos as peças originais da Inglaterra e que o carro ficaria novo, mas mesmo assim ele não quis. Achamos que queria nos vender o carro e pronto, mas qual não foi nossa surpresa quando ele perguntou se tínhamos outro igual e se aceitaríamos uma troca – ele pagaria a diferença, pois tinha adorado o carro, só não queria aquele que tinha batido. Por sorte já estávamos com outro Bentley Turbo R idêntico no porto e aceitamos a troca. O cliente ficou muito feliz e nós também. Consertamos o Bentley e o vendemos rapidamente, como veículo seminovo.

Sempre achamos que comprar carro tem que ser um prazer, tanto para o comprador quanto para o vendedor. Não gostávamos quando a "boa experiência" virava uma "má experiência". Fazíamos de tudo para reverter essa situação, inclusive abrindo mão do lucro no negócio. Nossas lojas e oficinas eram um lugar alegre e festivo, onde se contava muita história, conversava-se muito, os amigos se encontravam e o ambiente era leve e divertido.

O Rolls-Royce Silver Shadow também foi vendido rapidamente, para um banqueiro, e o interessante é que ele tinha uma coleção de cinco ou seis Mustangs dos anos 1960, que queria dar em troca. Aceitamos. E assim foi vendido o primeiro Rolls-Royce. Logo depois, o segundo foi para um fazendeiro do Centro-Oeste. Os Bentleys Brooklands eram bastante procurados, chegamos a vender oito unidades.

Já a Ferrari estava vendendo superbem, dois ou três carros por mês, em uma linha composta por 348 GTB (cupê) e GTS (Spider), além da Testarossa – modelo que havia herdado o motor de 12 cilindros boxer da Fórmula 1 – e da 456, versão de quatro lugares criada para o mercado norte-americano, com motor dianteiro V-12 de 436hp 12 cilindros, na cor azul-royal, lindo. A cor símbolo da Ferrari era o vermelho, com interior de couro cor de caramelo, mas também vendíamos preta, amarela e branca.

O ano de 1993 fechou com grandes resultados – em vendas, em nomeação de concessionárias, em marketing e em evolução administrativa e financeira. Como era de praxe, em outubro daquele ano assinamos o contrato com a matriz da BMW, que venceria em abril de 1994, e a marca estendeu nosso contrato por mais um ano, até abril de 1995. Resumindo, vendemos 1.923 carros das quatro marcas, com crescimento de 428% sobre as vendas de 1992. E nos tornamos líderes no Brasil em todos os segmentos de veículos de alto luxo e desempenho, ou seja, da categoria *premium*.

No fim do ano de 1993, recebi um telefonema do Ubirajara, na época sócio da família Senna, para marcar um almoço com ele e com Leonardo Senna, pois queriam conversar sobre importação de carros. Aceitei, e almoçamos na Regino Import, na Rua Fidêncio Ramos. Eles queriam saber tudo sobre importação, da mesma maneira que eu uma vez quis aprender tudo com aquele senhor no Rio de Janeiro. Expliquei o que sabia para eles. Mostrei nossas instalações de peças, PDI, departamento de importação, dei o nome dos despachantes que usávamos, armazéns alfandegados, tudo que é necessário para a importação de veículos, pois eles queriam importar para o Brasil os carros da Audi.

Não sou do tipo que esconde o ouro, não havia motivo para esconder nada. Além do mais, precisávamos de importadores fortes para enfrentar a indústria automobilística nacional, que estava fazendo de tudo para acabar com a importação de carros.

Imaginava que seria uma parada dura enfrentar o aval do Senna para a marca, que ainda tinha por trás a força da Volkswagen, a dona da marca Audi. Ter o nome Ayrton Senna associado à Audi era uma gigantesca vantagem. Para eles. Estávamos bem-preparados para essa concorrência. A Deck, nossa concessionária *flagship*, estava sendo construída e ficaria pronta dentro do prazo, previsto para abril de 1994, além de vários lançamentos previstos da BMW e várias ações de marketing que estávamos preparando. A Audi/Senna fez um belo lançamento da marca no Brasil, em março de 1994, em um galpão da Varig no Aeroporto de Congonhas, com a presença do próprio Senna. O lançamento teve muito destaque em jornais, revistas e até no *Jornal Nacional*, da Rede Globo, com a apresentação do carro que seria importado. Acredito que foi o único carro que teve lançamento no *Jornal Nacional*.

Em contrapartida, tínhamos o lançamento do motor 4.0 litros, um V-8, em substituição ao de 6 cilindros em 3,5 litros, que equiparia a série 5, e o lançamento da BMW série 3 Compact, um carro *hatchback* menor e mais econômico, com motor 1.8, que pretendia ser o carro de entrada da marca. Um modelo que tínhamos a certeza de que traria um grande volume de vendas, pois estava sendo vendido 20% abaixo do preço da 325iA, que até então era a versão mais acessível da BMW no Brasil, até então o carro de entrada da BMW. E para o fim do ano estava sendo preparado o lançamento da nova BMW série 7. Com o Imposto de Importação a 35% e uma relação dólar/marco alemão favorável, podíamos tranquilamente projetar uma venda de 4 mil veículos e um crescimento de 100% sobre as vendas de 1993. Tínhamos certeza de que 1994 e 1995 seriam a coroação de todos os nossos esforços e investimentos feitos na BMW.

A perspectiva para 1994 era fazer cinco grandes eventos no decorrer do ano: a inauguração da Deck, o lançamento da série 3 Compact, o Salão do Automóvel, o lançamento da nova série 7 e a exposição dos Art Cars da BMW, além do torneio amador nacional de tênis, mais todos os patrocínios que já fazíamos no esporte com provas equestres, de polo e salto, e torneios de golfe.

O interessante desse torneio de tênis é que era um torneio mundial feito pelos concessionários, importadores e filiais da BMW, cada um em seu país, com final em Munique.

O primeiro grande evento seria a inauguração da Deck, a concessionária BMW na Avenida Juscelino Kubitschek, no bairro do Itaim, em São Paulo, em abril de 1994, região em franco desenvolvimento, e estávamos planejando uma grande festa contando a história dos 75 anos da BMW. Para tal empreitada, melhor escolha era o Banco de Eventos. Após várias reuniões com inúmeros *briefings* com José Victor Oliva e seu pessoal, eles vieram com uma ideia genial: fazer uma apresentação em cinco esquetes contando a trajetória da BMW nesses 75 anos, por meio dos seus produtos inseridos no tempo. Para que esse evento pudesse acontecer e ser um sucesso, contratamos o genial diretor Jayme Monjardim, que tinha acabado de dirigir a novela *Pantanal*, um imenso sucesso. Também foram contratados os atores Sérgio Mamberti e Ingra Lyberato para a apresentação de cada esquete, mas faltava algo que realmente desse maior visibilidade ao evento. Aí surgiu a ideia do José Victor Oliva de contratar uma atriz internacional para apresentar o último deles. Ele estava apreensivo quanto a me apresentar a sugestão, pois era cara, o orçamento estava apertado e eu não gostava de orçamento estourado.

Achei a ideia tão genial, pela repercussão que traria na imprensa, que topei na hora. O José Victor Oliva pensou em duas atrizes de peso: Raquel

Welch, uma das Bond *girls* mais famosas, e Bo Derek, a "Mulher Nota 10", conhecida em todo o mundo devido à fama obtida em Hollywood. Escolhemos a "Mulher Nota 10", que entraria no palco no último esquete e falaria sobre o futuro da BMW no mundo em relação à mobilidade. E foi um sucesso.

O texto tinha sido preparado pelo nosso pessoal de marketing e o pessoal da BMW da Alemanha. Quando demos o texto para Bo Derek, ela foi taxativa: não leria nada, pois não queria se apresentar de óculos. Ficamos todos apreensivos. Não houve quem convencesse a bela atriz a ler o texto. Depois de muita argumentação, ela nos disse para não nos preocuparmos, que ela conseguiria decorar o texto escrito. Dito e feito. Ela decorou o texto, com algumas improvisações na hora de falar, o que deu uma graça especial à atuação e ficou muito bom.

Grande Prêmio de Fórmula 1 de 1994

Uns dias antes da inauguração da Deck, aconteceu o Grande Prêmio do Brasil de Fórmula 1 no Autódromo de Interlagos. Nesse GP, conseguimos uma ação inédita. A Ferrari nunca tinha deixado que a equipe de Fórmula 1, especialmente seus pilotos, se misturasse com a parte comercial, de venda de carros. Com a ajuda do senhor Piero Gancia, conseguimos que na semana da corrida, em um dia de folga, os pilotos Gerhard Berger e Jean Alesi fossem até a nossa loja Ferrari fazer uma aparição para a imprensa e para os nossos clientes Ferrari. Foi o maior sucesso.

Para o dia da corrida, montamos um camarote da Ferrari no miolo do circuito e convidamos todos os proprietários de Ferrari e potenciais compradores para irem em um ônibus exclusivo, com todas as mordomias, de champanhe a uma maleta de mão exclusiva da Ferrari, além de outros mimos, como agasalho Ferrari, protetor auricular, camiseta, óculos escuros Ray-Ban, chapéu etc. O ônibus foi até o kartódromo e, de lá, um helicóptero branco com a logomarca da BMW levava o pessoal para o camarote, na pista. O helicóptero decolou e pousou várias vezes, causando um furor na arquibancada cada vez que passava.

O GP de 1994, que teve a vitória de Michael Schumacher, da Benetton, contou com o francês Jean Alesi, da Ferrari, na terceira posição. Rogério Fasano abriu o restaurante Fasano exclusivamente para nós naquele domingo: Viviane e eu, dona Lula Gancia e seu Piero, para a comemoração dos italianos.

Cada ação que fazíamos era um alarde grande na imprensa, que estava ávida para escrever sobre esse novo mercado glamoroso, com tecnologia e pessoas importantes envolvidas. Nossa intenção com esses espetaculares eventos, além de fazer o marketing dos carros, era fazer com que fossem o objeto de desejo dos brasileiros, que não tinham tido a oportunidade de sonhar em ter um automóvel com alto desempenho, tecnologia, design e qualidade.

Devido a toda essa, digamos, pirotecnia mercadológica, nessa época comecei a perceber um certo revanchismo em tudo que se referia ao mercado de veículos importados. Esse revanchismo existia por vários motivos. As montadoras nacionais perdiam espaço e importância na mídia, enquanto alguns colunistas pouco profissionais adotavam suas marcas "de estimação". A mídia estava descontente, com certa razão: os importadores não anunciavam na grande mídia, pois as assessorias de imprensa atendiam melhor seu público-alvo e com custo menor. Uma das consequências era que alguns deles batiam fortemente numa tecla: o Brasil deveria ou não ter carros importados? E tentavam convencer a população, a imprensa e o governo, com a hipótese de que os empregos na indústria automobilística brasileira iriam acabar e dar lugar à importação de carros. Diziam que os carros importados em nada iriam contribuir para o país.

Como parte dessa estratégia, a maioria das reportagens sobre acidentes que envolvessem carros importados trazia de forma pejorativa o termo "carro de luxo". Uma revista veio me procurar, pois havia rumores de que as primeiras cinco Ferraris importadas tinham sido destruídas em acidentes, e queriam saber se era verdade e onde estavam os carros, a fim de que pudessem fotografá-los. Realmente, das cinco primeiras importadas, pelo menos três tinham sido destruídas em acidentes. A velocidade que uma Ferrari alcançava era muito superior àquela a que a maioria das pessoas estava acostumada, sendo um perigo também para os outros carros que estavam na rua. A percepção de velocidades tão altas não era citada, menos ainda que o tempo de reação era outro. Logo, acidentes aconteciam.

Nesse cenário, o Victor Oliva teve um *insight* do que estava acontecendo e veio conversar comigo. Nós dois percebíamos que tínhamos de melhorar algo em nosso marketing e pensar não só no nosso público de entusiastas de carros, tecnologia, internacionalização e modernidade, mas também no público em geral, que tinha outros interesses. Todo o nosso esforço para transformar os carros BMW, Ferrari, Bentley e Rolls-Royce em objetos de desejo dos brasileiros estava tendo resistência por parte daqueles que não se identificavam com as marcas.

Como podemos constatar hoje, nada do que alguns alardearam efetivamente aconteceu. Hoje temos uma indústria automobilística pujante, com cerca de vinte marcas internacionais produzindo seus carros de passeio e comerciais leves no Brasil. Basta lembrar que, naquela época, eram só quatro. A abertura das importações em 1990 e a atuação dos corajosos pioneiros, apesar das dificuldades e das incertezas, mostraram ao mundo que o Brasil era um país viável a novas marcas e fábricas de automóveis. Hoje a maioria dos fabricantes de veículos, inclusive os chineses, com sua tecnologia de veículos eletrificados, está presente em nosso país.

Continuamos com nossas estratégias de marketing, sempre inovando e oferecendo coisas significativas ao público, que era composto tanto por nossos consumidores como pelos entusiastas das marcas. E realizamos algumas atrações inéditas, como tornar parte da concessionária Deck uma galeria de arte, onde se apresentavam vários artistas plásticos, tanto brasileiros como estrangeiros.

Para o final de 1994 tínhamos vários eventos programados. O primeiro era o lançamento da série 3 Compact. Preparamos, junto com o Banco de Eventos, uma festa para um público jovem, pois era o novo carro de entrada da BMW, e tínhamos muita esperança de que seria uma venda em um volume razoável. A primeira inovação era começar uma festa em São Paulo e terminá-la no Rio de Janeiro. Funcionaria assim: o programa *Flash*, do Amaury Jr., iniciaria uma transmissão ao vivo da festa paulistana de lançamento do carro. Em seguida, junto com o pessoal da Regino Import, pegaríamos um jatinho no Aeroporto de Congonhas e voaríamos para o Rio, onde apareceríamos na outra festa. E a transmissão ao vivo aconteceria na noite carioca. Tudo correu superbem e deu certo. *Timing* perfeito.

O mais inusitado seria o sorteio de um BMW Compact para quem estivesse presente na festa. O sorteio seria à uma hora da madrugada em São Paulo e seria transmitido para o Rio de Janeiro. Os cariocas não gostaram nem um pouco, queriam que um sorteio acontecesse no Rio também. Mas não seria possível, pois os números do sorteio estavam todos em São Paulo. Como não queríamos ninguém insatisfeito, optamos por sortear um Compact em cada cidade. Foi a maior festa nos dois lugares, com muita alegria e manifestações de apoio e satisfação dos presentes.

Plano Real e a queda da alíquota

Em 1º de julho de 1994, junto com tudo que estava acontecendo, tivemos novamente a mudança da moeda brasileira – de cruzeiro, que tinha sido ressuscitado em 1990 pelo Plano Collor, para o real de Fernando Henrique Cardoso. O mais interessante era que a paridade entre o real, e o dólar seria de 1 para 1. Um real valia exatamente um dólar. Isso gerou uma supervalorização do real, tornando os produtos importados mais acessíveis aos brasileiros, além de ter aumentado o poder de compra da população de modo geral, inclusive em relação a eletrodomésticos e veículos nacionais.

Com isso houve um aumento imediato da demanda, sem que, em contrapartida, a indústria pudesse fornecer os produtos, gerando ágio no mercado. Além disso, o ministro da Economia na época, Ciro Gomes, queria evitar que houvesse um reajuste indexado aos salários dos metalúrgicos, que já estavam em greve, liderados pelo metalúrgico Luiz Inácio Lula da Silva, que naquele tempo despontava como candidato à presidência da República. Ciro tomou uma atitude que iria modificar radicalmente o mercado automotivo: baixou o Imposto de Importação dos veículos de 32% para 20%. Era tudo que os importadores queriam, e todos começaram a aumentar os seus pedidos nas fábricas, criando um volume de carros muito grande, e as entregas quase impossíveis.

Com o lançamento do Compact 318, nós estávamos muito otimistas com o plano de ter esse produto como carro de entrada para a marca. Vimos que nossa estratégia iria dar certo, então posicionamos o preço do Compact num valor muito agressivo. Para se ter uma ideia, um Chevrolet Vectra CD custava R$ 32.600 naquele momento. O BMW Compact, R$ 32.200. A guerra entre importadores e as montadoras nacionais estava cada vez mais declarada.

Motor 4.0 M-60

A chegada ao Brasil da série 5 na versão 540i, equipada com o novíssimo motor V-8 4.0 de 286 cv de potência, entre o fim de 1993 e o começo de 1994, representou um total de 380 carros importados, o que era um volume de vendas altíssimo para um veículo que custava cerca de US$ 110 mil na época. O motor desse carro era supermoderno e tinha um novo composto desenvolvido pela BMW, chamado de NiCaSil, formado por níquel e silício, que revestia as paredes internas dos cilindros, fazendo com que tivessem menos atrito e trabalhassem melhor.

O motor estava funcionando perfeitamente no mundo inteiro, mas, no Brasil, os carros que importamos começaram a dar problemas: eles praticamente fundiam em torno dos 20 mil quilômetros rodados. Como os BMWs não eram carros nos quais os usuários rodassem muito, o problema começou a aparecer em poucos automóveis, no início do segundo semestre de 1994. Nossos técnicos não conseguiam identificar o que estava acontecendo, pois, assim que o carro era ligado, saía uma fumaça grande e branca do escapamento. A única solução era chamar os técnicos da Alemanha para verificar o que estava havendo. Os técnicos alemães chegaram bem rápido, visto que a quantidade de casos com os motores V-8 estava aumentando, e não tínhamos como detectar a origem do problema. Sabíamos que tínhamos vendido 380 série 5 com motor V-8 e tínhamos que nos preparar. Àquela altura, nós não sabíamos se todos os carros teriam a pane ou só alguns, uma vez que cada BMW que entrava na oficina tinha quilometragem diferente.

A primeira atitude foi parar de vender o 540 V-8. A solução imediata apontou para a retirada dos motores dos carros zero em estoque para substituir os que apareciam com problemas, enquanto iniciávamos a importação de motores extras, que eram enviados via aérea. Enquanto isso, os técnicos iam e vinham da Alemanha com todo tipo de equipamento para analisar os motores, considerando que o defeito não acontecia em nenhum outro lugar do mundo. E o número de carros com defeito aumentava a cada dia. Montamos uma operação de guerra para trocar os motores. Pusemos a equipe de mecânicos para trabalhar durante a noite. A BMW entrava na oficina num dia, e no máximo em 72 horas o cliente saía com um motor novo, sem cobrança de um real, tudo feito na garantia.

O mais importante era que ninguém ficasse sabendo do problema. Conseguimos ser suficientemente eficientes no atendimento. Demorou dois meses para se descobrir a razão daquele problema, depois que ele começou a acontecer também em alguns carros no sul dos Estados Unidos, que importavam gasolina da Venezuela. Quando os técnicos da BMW mediram o teor de enxofre, perceberam que era muito alto – o mesmo teor da gasolina brasileira. O mistério tinha sido descoberto: o alto teor de enxofre corroía o NiCaSil da parede do cilindro, e o motor começava a queimar óleo ou fundia.

A única atitude possível era a que tínhamos tomado: trocar os motores por novos. Até que se resolvesse a questão, continuamos com a operação de troca de motor, tendo carros que chegaram a ter seus motores trocados três vezes. Conseguimos, com um árduo e sério trabalho, evitar que acontecesse um *recall* e que o acontecimento viesse à tona. Todos ficaram satisfeitos.

A Regino Import conseguiu contornar uma crise que poderia ter sido muito prejudicial para a marca e para os clientes, mesmo aqueles que tiveram seus carros consertados em tempo recorde e sem custo.

Renovação de contrato e a certificação ISO 9000

Estava chegando a época de renovação de mais um contrato com a BMW, agora para o ano de 1995. Qual não foi o meu espanto quando me chamaram e disseram que uma mudança importante iria acontecer. A renovação não seria mais por um ano, como de costume, mas por três: de 1995 a 1997. Foi uma surpresa e tanto, que nos deixou felizes e orgulhosos pela confiança da BMW.

A certificação ISO 9000, que na época era novidade no Brasil, ajudou muito nessa renovação. Nosso pessoal administrativo e os envolvidos no processo trabalharam incansavelmente para consegui-la, em janeiro de 1995 – uma vitória de todos os envolvidos. Com a certificação e a implantação das normas ISO 9000, a reformulação total da empresa, criando uma *holding* e profissionalizando a gestão, deixávamos tudo pronto para 1995 ser um ano de realizações, novidades e desafios. Mas ainda precisávamos passar pelo final de 1994 e pelos vários eventos que tínhamos programado.

Art Cars no Brasil

Dando continuidade ao plano de conectar a Regino Import às artes, tivemos a ideia de trazer a Art Cars Collection da BMW para ser exposta no Brasil. Essa coleção tinha, na época, vários carros pintados por renomados artistas e uma importância artística imensa. A ideia original foi concebida pelo piloto francês Hervé Poulain, que contratou Alexander Calder para pintar seu BMW 3.0 CSL, para competir nas 24 Horas de Le Mans de 1975.

Originalmente, o primeiro Art Car da história da prova foi um Porsche 917, que alinhou no *grid* em 1970, mas o 3.0 CSL de Poulain tornou-se referência a partir daquele ano, e inspira chefes de equipes e artistas até hoje.

Ao lado do BMW 3.0 CSL, outros carros uniram-se ao Art Cars Collection e se transformaram em uma atração corporativa de grande valor para a BMW. Os carros ficam expostos no museu da BMW em Munique, já foram apresentados em vários países do mundo e ganharam uma mostra no Moma, o Museu de Arte Moderna de Nova York. Não seria fácil convencer a BMW a mandar os carros para o Brasil. Depois de muitas promessas de nossa parte e um primoroso planejamento logístico para trazer os "carros-obras de arte", convencemos os alemães. Os veículos seriam transportados de avião, teriam um seguro altíssimo e só seriam expostos no Masp, em São Paulo, e no Museu de Arte do Rio de Janeiro.

Conseguimos trazer, além dos carros, a especialista e curadora da coleção para fazer palestras. Depois que ela chegou ao Brasil para inspecionar todo o trajeto dos carros, a segurança, a logística de transporte, os locais de armazenamento e os próprios museus, conseguimos, finalmente, autorização para trazer alguns exemplares da Art Cars Collection. Foi uma operação de guerra, mas, em 22 de setembro de 1994, foi inaugurada a exposição no Masp, com duração de um mês. Na sequência, as obras de arte sobre rodas foram para o museu do Rio de Janeiro.

Trouxemos cinco carros da BMW Art Cars Collection, inclusive o BMW 3.0 CSL pintado por Alexander Calder, e os carros pintados por Robert Rauschenberg e Frank Stella, entre outras estrelas, e até o BMW M1 feito por Andy Warhol – o artista que teve uma obra de arte considerada a mais cara do mundo no século XX, com o famoso rosto de Marilyn Monroe replicado em várias cores, arrematada por mais de R$ 1 bilhão.

Salão do Automóvel, lançamento da série 7

Enquanto acontecia a exposição dos Art Cars, nós estávamos preparando o Salão do Automóvel com os estandes da BMW, da Ferrari e da Rolls-Royce Bentley. Uma tarefa árdua para nosso pessoal de marketing, pois, ao mesmo tempo, eles ainda estavam preparando o lançamento da série 7.

Os nossos estandes no Salão – especialmente o da Ferrari – eram ansiosamente aguardados pelo público e pela imprensa. E não decepcionamos:

trouxemos uma Ferrari que havia acabado de ser lançada na Europa. Apresentada no Salão de Paris no mesmo mês de outubro de 1994, a Ferrari 512 M foi considerada a melhor Testarossa da história, equipada com motor V-12 de duplo comando de válvulas. Ela não tinha os charmosos faróis escamoteáveis da legendária 512 TR, mas a vinda ao Brasil somente alguns dias após sua *avant-première* mundial causou furor na imprensa brasileira.

Tínhamos, porém, um impasse para resolver: muitos artistas e VIPs convidados queriam ir ao Salão, mas não nos dias e horários convencionais, pois realmente o Salão era muito cheio e tumultuado. Tivemos, então, junto com o Banco de Eventos, a ideia de fazer um coquetel no nosso estande, com o Salão ainda fechado, um dia antes da abertura para o público. Convencer os organizadores foi difícil, mas conseguimos, e fizemos "a inauguração antes da inauguração" para nossos convidados.

Foi um grande sucesso, que irritou tanto os outros expositores como os organizadores pela nossa ousadia (eles deveriam agradecer a divulgação que o Salão teve). O importante é que compareceram mais de trezentas pessoas, muito mais do que imaginávamos.

Antes da inauguração do Salão do Automóvel, fizemos o lançamento da nova série 7 da BMW, em 20 de outubro. Totalmente reformulado, o novo sedã top de linha da marca era o ápice em tecnologia, luxo e sofisticação, merecia um evento à altura.

Com design extremamente atraente, elogiado até hoje, a terceira geração da série 7, chamada de E38, podia ser equipada com duas opções de motores V-8 e um novo V-12, que chegava a 331 cv. Vinha com novos sistemas eletrônicos de controle de estabilidade, que eram opcionais na V-8 e de série na V-12. O carro já vinha com oito airbags, e isso há quase três décadas antes da publicação deste livro!

Mais uma vez chamamos o Banco de Eventos para fazer o lançamento, mas a BMW tinha diretrizes para anunciar a chegada do novo modelo. Por ser um lançamento mundial, a ideia da matriz era fazer uma apresentação supertecnológica, explicando em detalhes os aspectos técnicos do carro. A apresentação começava com o Big Bang, a formação do universo, e ia até a data do momento, apresentando o novo modelo da série 7.

Quando a nossa equipe de marketing e o pessoal do Banco de Eventos começaram a traduzir o texto, perceberam que a apresentação de todo aquele novo conteúdo iria demorar uma hora e meia. Apesar de tudo ser lindo e maravilhoso, não funcionaria para o público brasileiro. A apresentação era lindíssima. Tinha inúmeros *slides*, filmes e efeitos audiovisuais avançadíssimos, com uma apresentadora lendo um texto traduzido do alemão para o português. De tão sofisticada a apresentação, tivemos que importar o próprio equipamento de audiovisual da Alemanha para exibir a apresentação no dia do evento.

Já estava tudo organizado para a festa, agendada para 18 de outubro, dois dias antes da inauguração do Salão do Automóvel. O evento estava programado para o Palace, a casa de shows mais renomada da zona sul da capital. Havíamos convidado mil pessoas. E com uma novidade, que muita gente achava uma loucura, mas nós arriscamos: o lançamento teria a participação da Orquestra Sinfônica de Campinas, sob a batuta do maestro Benito Juarez, e com a dupla Chitãozinho e Xororó.

Para que tudo acontecesse como queríamos, nossa primeira missão era tirar da alfândega os materiais eletrônicos importados temporariamente da Alemanha para exibir a apresentação. Não menos complicado seria diminuir o texto, que seria narrado, com total sincronização com a apresentação de *slides* e toda a tecnologia, pela ex-top model e atriz Silvia Pfeifer. E tínhamos, também, que convencer a diretoria da BMW e todo o pessoal que estava aqui no Brasil de que isso teria que ser feito, pois o público brasileiro não ficaria uma hora e meia escutando explanação técnica no meio de um show, com jantar, bebidas e muita confraternização. E havia vários alemães por aqui, que tinham vindo para o lançamento do carro, para o Salão do Automóvel e para resolver o problema com o motor série 5.

Conseguimos desembaraçar os equipamentos da alfândega faltando uma semana para o lançamento. Tínhamos que encontrar uma empresa altamente tecnológica para manusear o equipamento e sincronizar a apresentação modificada. O Victor, do Banco de Eventos, e eu fomos conversar com os alemães. Como já estavam mais acostumados com a cultura brasileira, disseram que iriam "fechar um olho e deixar passar". Ficamos aliviados.

Agora o desafio era pôr o plano em prática, e os únicos que tinham a capacidade técnica para fazer a apresentação funcionar eram nossos amigos da Miksom, José Francisco e Carlos Ortali. Fizeram o trabalho em tempo recorde, e a festa entrou para a história. Tudo deu certo, os convidados ficaram animadíssimos com a dupla Chitãozinho e Xororó cantando seus sucessos da época, "No rancho fundo" e "Fio de cabelo".

Os alemães adoraram cada minuto do nosso evento e nos deram razão: a mudança no tempo da apresentação tinha sido perfeita.

Planejamento 1995

Terminada essa maratona, tinha chegado a hora de começar a executar o planejamento para 1995. Eram várias atribuições: fazer os pedidos para o primeiro quadrimestre, planejar os gastos com marketing, a estratégia de vendas e a abertura de novas concessionárias – tudo pronto para um ano de sucesso.

Com a alíquota de importação a 20% e o real valorizado, sendo agora 1 dólar equivalente a R$ 0,83, e a estabilidade do mercado, não podíamos ser conservadores, pois, além da nossa estrutura, tínhamos agora 28 concessionárias espalhadas pelo Brasil que precisavam de veículos para vender e sustentar os seus negócios. Fizemos pedidos firmes na fábrica para o primeiro quadrimestre de 1995: 834 veículos para janeiro, 810 para fevereiro, 863 para março e 660 unidades para abril, dando uma projeção para o ano de 1995 de 9.500 veículos. A estimativa de faturamento da Regino Import para aquele ano já estava em US$ 750 milhões. O aumento de vendas de 1994 para 1995 seria gigantesco: dos 3.503 carros vendidos em 1994, a projeção de vendas para 1995 era de 9.500 carros (espantosos 271% de crescimento).

Chegada da BMW à Argentina

No começo de 1995, a grande novidade da BMW foi a transferência do escritório responsável pela América do Sul para Buenos Aires, Argentina. A ideia era boa, pois poderíamos ter uma comunicação mais rápida e eficiente com os responsáveis, e o pessoal que iria para a Argentina era o mesmo que trabalhava conosco em Munique – o presidente da operação na Argentina seria nosso velho amigo Horst Dihlmann. A equipe inteira viria com ele, exceto o vice-presidente, Michael Turwitt, que tinha trabalhado nas subsidiárias BMW na África do Sul e na Inglaterra.

O Brasil já tinha escolhido seu novo presidente, no dia 3 de outubro de 1994: Fernando Henrique Cardoso. FHC tomaria posse em 1º de janeiro de 1995. Acreditávamos que sua eleição seria ótima para nós, importadores, pois tendo sido ele o ministro da Fazenda e pai do Plano Real, a política financeira deveria continuar a mesma. E isso era promissor.

As vendas nos primeiros três meses de 1995 tinham sido maravilhosas, com 492 carros em janeiro, 287 em fevereiro e 635 em março, recorde absoluto e com tendência a aumentar bastante, pois os grandes pedidos estavam para chegar a partir de abril.

Com a alíquota do Imposto de Importação baixada para 20% em setembro de 1994, começou a chegar ao Brasil, no início de 1995, um volume enorme de veículos importados de todas as marcas. A quantidade era grande, mas não chegava a afetar o mercado de carros nacionais, pois na maioria eram carros de valores mais altos. Começamos a notar certo *lobby* a favor da indústria nacional e contra os carros importados, com alguns setores da imprensa, as montadoras e multinacionais instaladas por aqui alardeando os problemas que poderiam afetar o mercado e a balança comercial brasileira.

Durante o governo de transição entre Itamar Franco e Fernando Henrique Cardoso, nós, importadores, tivemos vários sinais de que o novo governo estaria preparando medidas para a importação de veículos, com o intuito de satisfazer a indústria nacional. Como importadores, conhecíamos a força da indústria nacional e a intenção do governo do presidente Fernando Henrique Cardoso.

Começamos por meio da Associação Brasileira de Empresas Importadoras de Veículos Automotores (Abeiva) a participar das câmaras setoriais e negociar cotas de importação, pois sabíamos qual era o objetivo do governo: proibir as importações ou aumentar as alíquotas.

Dito e feito. Em 28 de fevereiro, o governo de FHC aumentou a alíquota de importação de 20% para 32%, o que para nós, importadores, não era tão pesado, devido à relação real-dólar próxima do 1 para 1. Acreditando que essa seria a única medida a ser tomada pelos burocratas, continuamos tentando criar, junto ao governo, uma regulamentação de cotas de importação. Imaginávamos que a autorregulamentação, sem a importação de grandes volumes de carros, não atrapalharia a indústria nacional de carros mais baratos; conseguiríamos segmentar o mercado e ter o nosso espaço. Trabalhamos muito nisso. Mas não deu tempo. O governo tentou estabelecer um sistema de cotas para a importação de automóveis, que foi rejeitada pela Organização Mundial do Comércio (OMC) – com a justificativa de que as reservas brasileiras de US$ 45 bilhões não justificavam as cotas – e também pela Argentina e pelo Uruguai, pois tal limitação não estava prevista no acordo do Mercosul.

Com isso, em 30 de março de 1995, veio a notícia que todos os importadores temiam: sem nenhuma justificativa, aviso, consulta, preparação ou pudor, o governo, que já tinha aumentado o imposto de 20% para 32%, em mais trinta dias aumentaria novamente a taxa, agora de 32% para 70%, por meio do Decreto nº 1.024. Os fabricantes aqui instalados haviam chegado aonde queriam: a liquidação dos importadores.

É muito difícil empreender em um país com insegurança jurídica e com mudanças de impostos e regras sem aviso. Os grandes prejudicados foram, e sempre serão, os empresários brasileiros que não pertenciam ao núcleo de interesse do governo. Quando esse mesmo governo tenta regulamentar os mercados para dar vantagens para alguns, atrapalha outros que não se beneficiam, como, por exemplo, com a antiga Lei da Informática, o fechamento das importações em 1976 e, mais recentemente, os campeões nacionais – apoio do Estado, principalmente por meio da atuação do BNDES, a algumas empresas selecionadas, e a taxação dos carros elétricos.

Agora era a hora de nós, importadores, fazermos os cálculos de como iríamos sair desse enrosco em que tinham nos colocado. Os 70% de Imposto de Importação aumentavam demasiadamente os preços dos carros, o que tornava inviável a comercialização dos automóveis em estoque, nos navios e no porto, tanto daqui quanto em Hamburgo, assim como dos pedidos já produzidos e dos que estavam na fábrica. Nosso total era de, aproximadamente, 1.500 veículos, entre BMWs, Ferraris e Bentleys, fora os 10.000 Hyundais, a um custo médio de US$ 110.000 cada um, total de US$ 165.000.000. O Imposto de Importação que tínhamos calculado como US$ 12.000.000 tinha virado US$ 42.000.000.

Era chegada a hora de uma nova luta para salvar nosso negócio e tudo que tínhamos conseguido fazer nesses últimos anos, como a tentativa de mudar a realidade brasileira, de um país fechado, retrógrado e sem futuro, para um país aberto, moderno e disponível para as últimas tecnologias do mundo. A arapuca que o *establishment* tinha nos colocado, mais por soberba de seus líderes do que por motivos mercadológicos, patrióticos e financeiros, tinha surtido seus efeitos. Mas o mais importante não conseguiram evitar. O oligopólio estava escondendo o verdadeiro potencial e as condições mercadológicas, fiscais e trabalhistas do mercado brasileiro de automóveis. Com a abertura das importações, a indústria automobilística mundial descobriu que estava sendo escondido o verdadeiro potencial brasileiro e começou a enxergá-lo. Os importadores tinham mostrado a real dimensão do mercado automobilístico brasileiro. Apesar de todo o esforço para acabar com a investida da indústria mundial e seu interesse no Brasil, isso tinha chegado tarde demais, e, como podemos ver, hoje temos cerca de vinte montadoras de automóveis no Brasil, além das quatro iniciais, que agora são três, pois a Ford foi embora do país.

Com o aumento da alíquota, ficou muito difícil vender Ferrari no Brasil. A fábrica italiana, vendo o sucesso que tínhamos conseguido, começou a fazer exigências, como a obrigação de comprarmos um carro de F1 não mais em atividade para expor na loja, cujo valor na época era de US$ 700.000; seguir fazendo o Ferrari Day, que consistia em alugar uma pista como Interlagos, com toda a infraestrutura paga por nós, e convidar os proprietários de Ferraris para rodar na pista; montar o camarote Ferrari na F1; e – o mais caro e mais difícil – promover um campeonato de *gentlemen drivers* com Ferraris, nos mesmos moldes que é a Porsche Cup dos tempos atuais. Para nós, na época, essas exigências passaram a ser impossíveis de cumprir, em razão da subida drástica da alíquota. Então nossa atitude foi abrir mão de ser o importador.

Iniciamos nossas negociações com os bancos que nos tinham aberto as cartas de crédito e com a BMW AG. Sem ter como vender os carros, e com as 23 concessionárias que tinham feito suas encomendas e não queriam pagar o novo preço, pois não teriam como repassá-lo aos clientes, teríamos que achar uma solução.

O impasse estava armado, e, como pela lei brasileira era proibida a reexportação dos carros, nossa única saída era nacionalizar os automóveis e vendê-los no Brasil. Conforme a lei brasileira, era obrigatória a nacionalização dos veículos em noventa dias, a partir da data de entrada no armazém alfandegado. Não sendo nacionalizados, esses veículos iriam para perdimento, ou seja, a leilão, para pagar as custas de impostos, armazenagem, marinha mercante e todas as despesas inerentes.

Nessa época, a BMW já tinha montado seu escritório na Argentina e estávamos negociando tudo com eles e com o mesmo pessoal com quem tratávamos na Alemanha. A única exceção era o senhor Michael Turwitt, que tinha vindo transferido da Inglaterra para o cargo de vice-presidente para a América Latina. Em poucos meses, o senhor Turwitt passou a presidente da BMW para a América do Sul, depois da aposentadoria do senhor Dihlmann, e vinha frequentemente para o Brasil, para se inteirar sobre o que acontecia por aqui. Enquanto todos na BMW e nas outras fábricas aqui representadas ajudavam seus importadores, nós percebíamos que o senhor Turwitt tinha outras intenções (conforme matéria publicada na capa da *Exame* intitulada "BMW, o que deu errado" (ano 32, número 16, de 29/7/1998).

Continuamos com nossas tentativas de fazer com que o governo voltasse atrás em algumas das medidas que tinha tomado, como aumentar o prazo de armazenamento ou permitir a reexportação dos carros, negociando com a então ministra da Indústria e do Comércio, Dorothea Werneck, e com José Serra, então ministro da Economia, porém sem sucesso: a decisão já estava tomada.

A negociação com os bancos e com a BMW estava indo muito bem, pois as cartas de crédito estavam sendo renovadas. A BMW sempre renovava, pelo tempo que precisássemos; com os bancos era mais difícil, pelo medo do perdimento em noventa dias, mas mesmo assim estávamos tendo sucesso. Os bancos queriam que nacionalizássemos os carros e os puséssemos no nosso estoque, ou que os vendêssemos para os concessionários, que por sua vez não queriam ou não tinham o dinheiro para essa operação. Nesse ponto, gostaria de esclarecer que, como a montadora que só fabrica carros já encomendados por concessionária, a Regino Import só encomendava carros pedidos pelas suas concessionárias nomeadas; se elas não honrassem suas encomendas, a Regino Import não teria como vender esses veículos.

Em setembro de 1995, como fazia anualmente, fui para a Alemanha, para o Salão do Automóvel de Frankfurt e para a convenção anual dos importadores e subsidiárias da BMW. O pessoal da subsidiária BMW da América do Sul tinha marcado uma reunião entre mim e o diretor mundial financeiro da BMW, para que discutíssemos a situação. A ideia era fazer um financiamento direto da BMW para a Regino Import, que, por sua vez, financiaria a compra dos carros pelos concessionários. Isso é usual na comercialização de veículos, chama-se *floor plan*, ou seja, o estoque da concessionária é financiado pela montadora. Nessas reuniões, apesar da receptividade e do esforço dos diretores da BMW para fazer o financiamento acontecer, percebi que a intenção do senhor Turwitt não era igual à minha – muito pelo contrário, seu desejo era que a BMW montasse uma filial no Brasil e ele se tornasse presidente.

A diretoria da BMW AG, vendo o sucesso que a Regino Import tinha conseguido no Brasil, foi convencida pelo senhor Turwitt de que deveria fazer um acordo com a Regino Import, com o argumento de que seria mais barato fazê-lo naquele momento, pois mais tarde seria muito mais caro para a BMW montar sua própria importadora no Brasil.

O relacionamento comercial entre duas partes desiguais – de um lado, a gigante alemã BMW, e de outro, a representante Regino Import, muito menor e totalmente dependente – era como os fiéis de uma balança: quando mudam os pesos ou as regras do jogo, o prato desequilibra. Quando uma parte tem o peso do poder financeiro mais forte (que impõe condições comerciais que lhe interessam), no outro lado, a parte menor sofre com essa desigualdade. E não foi diferente para nós com a BMW.

Com isso em mente, decidimos fazer o acordo com a BMW nos moldes que ela propunha: ela compraria todo o nosso estoque de carros, peças e equipamentos, ficaria como importadora e nós ficaríamos como concessionários, com a Deck Veículos.

Investíamos na BMW sempre pensando no longo prazo e nas ações importantes para a marca no futuro. A Regino Import tinha essa *expertise* e sabia, dentre os produtos oferecidos pela BMW, quais eram do gosto brasileiro e qual era a melhor maneira de fazer o marketing e comercializar esses produtos. A parceria entre a BMW e a Regino Import, de confiança mútua, vinha dando muito certo, com o produto que a BMW fabricava, somado ao nosso conhecimento de como fazer negócio no Brasil, levando em consideração a complexidade da burocracia, das leis, da insegurança cambial, jurídica e política. Esse era o grande segredo do sucesso.

Sinto orgulho de ter tido coragem de importar o primeiro carro na abertura das importações. Sinto orgulho dos vinte anos em que participei da indústria automobilística brasileira e transformações que ocorreram no mercado naquele período. Sinto orgulho de ter contribuído para a abertura dos portos brasileiros para o mundo e de ter mudado o cenário das ruas brasileiras, que dos carros-carroças passaram a ter carros objeto de desejo. Para não falar da coragem de ter enfrentado toda uma indústria gigantesca e poderosa que havia na época.

Por esses motivos, o primeiro carro importa para mim, assim como todos os que participaram dessa jornada e contribuíram para que os sonhos se realizassem.

EPÍLOGO

Desde 1995, uma linha do tempo

Muita coisa aconteceu na indústria automobilística brasileira desde o final dos anos 1990. Algumas empresas abriram suas fábricas, entre elas a Honda, com a fábrica de Sumaré, para fabricar o Civic. A Peugeot com a Citroën, mais a Renault, a Mitsubishi e a Toyota, que no início da década de 1990 começaram no Brasil como importadores e hoje são grandes fabricantes, e algumas empresas maiores que se alinharam a outras menores. Em 2003 foi lançada a tecnologia *flex fuel*, com o VW Gol. Caminhões saíram das fábricas com novas tecnologias, fusões foram feitas e desfeitas, e o mercado automobilístico trouxe diversidade de marcas e opções para os brasileiros. A comercialização de veículos através de distribuidores ou concessionárias também teve uma significativa mudança. Hoje vemos empreendedores brasileiros representando várias marcas e tendo a liberdade de investir na que melhor se posiciona, diferentemente do que ocorria nos anos 1990, quando as montadoras não permitiam revendedores multimarcas.

Veio a pandemia e ela não trouxe um cenário de flores para a indústria automobilística. Em 2022, uma crise global provocou paralisações nas fábricas, apontando para a necessidade de reorganização do setor. Em 2023, aconteceu o evento "Conduzindo o Futuro da Eletrificação no Brasil", expondo 40 veículos elétricos, e no fim de dezembro do mesmo ano o governo criou uma nova política industrial, por meio do programa "Mover – Mobilidade Verde e Inovação", com foco na (des)carbonização e na (neo)industrialização. Indo na contramão do mercado mundial dos elétricos, em 2024, no dia 1º de julho, o governo mudou as regras novamente, aumentando o Imposto de Importação dos veículos elétricos de 10% para 18%, taxação que aumentará anualmente, para 28% em 2025, e para 35% em 2026.

Enfim, desde que o presidente Collor abriu os portos até os dias de hoje, muita coisa aconteceu, dos tempos das "carroças" aos automóveis elétricos, híbridos, autônomos, e até aqueles que ainda estão nos computadores de empresas, como a Toyota, a Uber Elevate e a Embraer-X (subsidiária para negócios inovadores da Embraer), os eVTOLs, um combinado de helicóptero e carro, que estão sendo testados para começar a voar na década de 2030, além da implementação da inteligência artificial, assim como outras novidades que pipocam quase que diariamente.

Os automóveis que circulam, neste terceiro milênio, pelas ruas brasileiras andam par a par com a tecnologia de qualquer carro em qualquer cidade do mundo.

ÁLBUM DE FOTOS

Reginaldo, Paulo e Tony depois de morarem seis anos nos Estados Unidos (1961).

Nosso conjunto, *The Love Hunters,* no programa Júlio Rosemberg, na TV Tupi. Da esquerda para a direita: Reginaldo, Antônio, José, Clarice Amaral (madrinha artística) e Marcelo, em 1967.

Frota de caminhões da Estacas Benacchio, em 1940.

Trabalhadores na Estacas Benacchio, em 1940. Meu avô Humberto Benacchio, de terno claro e gravata, é o quarto da direita para a esquerda.

Casamento de Reginaldo e Viviane, em 1977.

Matéria na primeira página do jornal *O Estado de S.Paulo,* na chegada do primeiro carro importado, em 15/6/1990.

Foto de capa da revista *L'Uomo*, em 1994 (foto: Miguel Costa Jr.)

Armazém na Rua Fidêncio Ramos, em São Paulo, com o estoque de BMWs 325i recém-chegados da Alemanha, em 1994 (Foto: Miguel Costa Jr.)

BMW 740i 1994

Rolls-Royce 1994

BMW Z-1 em 1991: foram fabricados somente 8.000 veículos e apenas dois vieram para o Brasil.

Bentley Turbo R 1993 (site Planetcarz)

BMW 325I na Deck Brasília

Deck Brasília com os primeiros BMWs importados para diplomatas.

Hortência Marcari, Reginaldo Regino, José Victor Oliva e Dóris Giesse, na inauguração da Deck Concessionária BMW, em Brasília (1991).

Lançamento da BMW 740i no Palace, em São Paulo, com a Orquestra de Campinas e Chitãozinho e Xororó, apresentados por Sílvia Pfeifer.

Salão do Automóvel de 1994 (foto: Miguel Costa Jr.)

Ferrari 512 TR 1993

Ferrari 348 GTS

André Ribeiro na Fórmula Indy

André Ribeiro na Fórmula 3

André Ribeiro em frente à Regino Veículos com o carro cortesia para clientes.

Calder e Hervé Poulain desenvolvendo o BMW Art Car.

BMW 3.0 CSL pintada por Alexandre Calder (1975).

BMW 635 CSI pintada por Robert Rauschenberg.

BMW M-1 pintada por Andy Warhol (1975).

BMW Série M-3 GTR Racing Prototype pintada por Sandro Chia (1992).

BMW 3.0 CSL pintada por Frank Stella (1975).

BMW participando das 1000 Milhas brasileiras no Autódromo de Interlagos (1993).

Opala Stock Car pilotado por Ingo Hoffmann.

Opala Stock Car pilotado por Ingo Hoffmann.

Reginaldo pilotando o Kart Mini (1975).

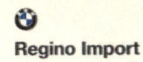

Convite de lançamento do modelo 740i, em 1994.

BMW in Brazil

Publicação da Regino Import — Ano I — Setembro 1990 — Nº 1

O sonho virou realidade

Os brasileiros que tanto cobiçavam a beleza e tecnologia dos veículos BMW já podem comprá-los aqui mesmo, no Brasil

Incomparável, o BMW Z1 é o único "High-Tech-Roadster" do mundo. Um esportivo conversível que comprova o prazer de conduzir a dois

O 535i, um dos tops da série 5, soberano com seu motor seis cilindros e a classe de uma limusine

O 520i, primeiro BMW importado pela Deck Veículos, fez sucesso no Aeroporto de Cumbica em 14 de junho

Por 16 anos ele foi uma espécie de amor proibido. Os brasileiros iam para o exterior e tinham de se contentar em admirá-lo pelas ruas ou nos luxuosos show-rooms que ostentavam toda sua beleza e avanço tecnológico. No início de maio, quando definiu a lista das importações liberadas, o presidente Fernando Collor de Mello não só abriu as portas do País para o primeiro mundo como também permitiu aos brasileiros transformarem em realidade o sonho de ter um carro BMW.

Agora, o consumidor que sempre foi um profundo admirador dos veículos BMW por sua qualidade, tecnologia, performance e estilo, já pode realizar o desejo. Desde abril, a Regino Import é a importadora exclusiva para o Brasil dos carros da marca. Nomeada pela Bayerische Motoren Werke AG, da Alemanha, a Regino Import já começou a importar, comercializar e responder pela assistência técnica dos modelos BMW do País.

A Regino Import saiu na frente e, antes mesmo da regulamentação das importações pelo governo, trouxe o primeiro carro importado para Brasil. "Isso demonstra nossa disposição de conquistar rapidamente nosso espaço no mercado de veículos de alto luxo importados", diz Reginaldo Regino, diretor da Regino Import. A intenção é conquistar 40% desse mercado, estimado em 2.000 carros/ano, já a partir de 1991.

O pontapé inicial para se alcançar a meta foi dado em 14 de junho quando chegou, no Aeroporto de Cumbica, o BMW 520i, importado pela primeira das oito Concessionárias que a Regino Import implantará para a marca no País: a Deck Veículos. O 520i foi a grande atração daquele dia no Aeroporto, onde a imprensa registrou sua chegada. A tecnologia BMW fascinou. "É uma coisa de outro mundo. Ele é perfeitamente justo em todos os sentidos: silencioso, confortável, sensível, estável, potente. O prazer de acelerá-lo realmente existe", avaliou o repórter especializado em automóveis, Marcelo Bartholomei, do Jornal do Carro, o primeiro a testar o 520i pelas ruas de São Paulo.

Primeiro informativo *BMW in Brazil* editado pela Regino Import, em 1990.

MATRIX